'공부'에서 '무기'로 바꾸는

영어
마인드셋의
기적 20

'공부'에서 '무기'로 바꾸는
영어 마인드셋의 기적 20

초판 1쇄 인쇄 2026년 1월 20일
초판 1쇄 발행 2026년 1월 30일

지은이 서보경
펴낸이 오세인 | 펴낸곳 세종서적(주)

국장 주지현 | 편집 최정미
표지 디자인 박은진 | 본문 디자인 김미령
마케팅 조소영 | 경영지원 홍성우

출판등록	1992년 3월 4일 제4-172호
주소	서울시 광진구 천호대로132길 15, 세종 SMS 빌딩 3층
전화	(02)775-7011
팩스	(02)776-4013
홈페이지	www.sejongbooks.co.kr
네이버 포스트	post.naver.com/sejongbooks
페이스북	www.facebook.com/sejongbooks
원고모집	sejong.edit@gmail.com

ISBN 979-11-995124-8-1 13190

유학 없이 넷플릭스, 월스트리트까지 간
토종 한국인의 실전 영어법

'공부''무기'로
에서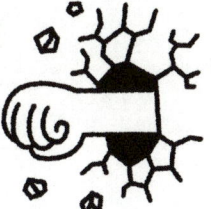바꾸는

영어
마인드셋의
기적 20

| 서보경 지음 |

세종

이 책은 한국인의 뛰어난 두뇌와 잠재력이 글로벌 무대에서 어떻게 빛날 수 있는지, 그리고 그것을 가능하게 하는 '영어 마인드셋'이 어떻게 그 기적을 이루어내는지 분명하게 보여줍니다. 새로운 여정을 시작하는 서울대 신입생들이 반드시 읽어보았으면 하는 필독서로 자신 있게 추천합니다.

이재영 교수 | 서울대 영어영문학과, 전 서울대 인문대학장

미래의 의료인은 더 이상 '국내용 의료'만 배우지 않습니다. 세계와 협업하고, 세계를 상대로 치료하는 '글로벌 메디컬'이 표준입니다. 이 책은 의대생, 간호대생, 예비 의료인에게 단순한 영어 학습서가 아닙니다. K-메디컬의 세계화를 주도할 '언어적 자신감'과 '글로벌 사고력'을 열어주는 실전 가이드입니다. 미래 의료계를 이끌 젊은 독자들에게도 강력하게 권합니다.

전상훈 원장 | 서울대 의과대학 명예교수, 아시아심장혈관흉부외과학회 회장,
전 서울대병원 분당병원장

영어를 정복하겠다는 결심은 오히려 두려움을 낳고, 부담 없는 마음이 영어 실력을 키웁니다. 우리에게 필요한 것은 약간의 뻔뻔함입니다. 마인드가 바뀌면 행동이 달라지고, 행동이 달라지면 영어도 달라집니다. 모든 분야의 고수는 실력보다 마인드가 남다른 사람입니다.

문성현 작가 | 『영어회화 100일의 기적』 저자, 대한민국 직장인 영어 멘토

이 책은 '영어 공부법'을 나열하지 않습니다. 발음과 문법을 넘어 이야기의 맥락을 읽고, 감정과 구조를 포착하는 능력이야말로 영어가 열리는 결정적 조건임을 명확하게 보여줍니다. 뉘앙스, 분위기, 감정이라는 영어의 본질을 정확히 짚어내기 때문에 더 이상 단어나 문법 틀에 갇혀 불안해할 필요가 없습니다.
영어를 둘러싼 가장 중요한 부분을 과감하고도 명료하게 드러낸 책으로, 개인적으로는 유학 시절에 이 관점을 알았더라면 당시의 막막함을 훨씬 덜 수 있었을 것이라 확신합니다.

탁진영 교수 | 세종대 국제학부 영어데이터 융합학과 학과장, 세종국제대학 학장

영어는 '공부'가 아니다,
내 몸값을 10배 폭발시킨 '레버리지'다

탄천에서 개구리 잡던 '촌놈',
연봉 10배의 주인공이 되다

2011년, 외국계 회사에 처음 입사했을 때 내 별명은 "영어 못하는 녀석"이었다. 동료들은 화려했다. 해외 명문대 출신이거나, 부모님 덕에 조기 유학을 다녀왔거나, 태생부터 발음이 남다른 교포들이었다. 그들 사이에서 나는 철저한 이방인이었다. 경기도 성남의 탄천에서 개구리나 잡으러 다니던, 영어 유치원 문턱도 밟아보지 못한 '토종 한국인'. 그것이 나였다. 영어는 늘 두려움의 대상이었다.

유창한 영어로 농담을 주고받는 그들 사이에 낄 때마다 심장은 터질 듯 쿵쾅거렸고 입술은 바짝 말라갔다. 회의 시간에는 내게 발언권이 올까 봐 고개를 숙이며 투명 인간이 되기를 기도하던 나날이었다.

사실, 첫 직장에서 나는 남들과 크게 다르지 않은 월급을 받았다. 하지만 영어가 필요한 핵심 프로젝트에서는 언제나 배제되었다. 내가 맡은 일은 영어가 필요 없는, 즉 '누구나 할 수 있는' 허드렛일뿐이었다.

두 번째 직장에서도 상황은 달라지지 않았다. 나의 커리어와 연봉은 남들보다 늘 한두 박자 늦게 움직였다. "내 영어가 이러니 어쩔 수 없지 뭐." 그때는 그게 겸손인 줄 알았지만, 사실은 비겁한 체념이었다.

하지만 12년 뒤, 상황은 완전히 역전되었다. 세 번째 직장에서 글로벌 프로젝트를 이끌며 연봉은 2배로 뛰었고, 다음 이직에서는 또다시 2배가 올랐다. 그리고 12년 차가 되었을 때, 내 연봉은 첫 직장 시절의 10배를 넘어섰다. 100원짜리 달고나에 목숨 걸던 그 촌놈이 감히 상상조차 못 했던 숫자였다.

도대체 그사이 무슨 일이 있었던 걸까? 힌트를 주자면 '죽어라 영어 공부만' 한 것은 아니었다. 그 대신 '영어 잘하는 사람들이 절대 알려주지 않는 비밀'을 깨달았다. 이 책에서 그 비밀을 소개하려 한다.

유창함은 답이 아니다:
'토종'만이 가질 수 있는 압도적 무기

우리는 착각한다. 원어민처럼 혀를 굴리고, 미드 대사를 통째로 외워야 성공할 수 있다고. 하지만 내가 글로벌 무대에서 구르며 깨달은 진실은 달랐다. 영어만 잘하는 유학파? 이미 널렸다. 반대로 한국 정서와 시장의 맥락을 꿰뚫는 토종 인재? 역시 많다. 하지만 '한국적 로컬 감각'과 '영어 소통 능력', 이 두 가지를 동시에 갖춘 '하이브리드 인재'는 시장에 씨가 말랐다. 그 희귀한 조합이 어쩌다 보니 내 강점이 되었고, 수많은 국내외 기업이 애타게 찾던 그 '틈새 인재'가 나였다. 나조차 처음에는 그 사실을 몰랐다. 그런 사람이 이렇게 드물 줄은 상상도 못 했으니까.

바로 이 지점을 우리의 기회로 만들어야 한다. 교포나 유학파는 한국의 미묘한 '눈치', '조직 문화', '행간의 의미'를 놓칠 때가 많다. 반면 우리 같은 토종들은 한국 사회의 맥락을 누구보다 잘 안다. 여기에 영어를 '장착'하는 순간, 우리는 대체 불가능한 존재가 된다. 영어는 내 커리어를 뚫고 나가는 날카로운 '창'이었고, 한국인의 뿌리와 감각은 그 창을 지탱하는 단단한 '방패'였다. 이 희귀한 조합이 갖춰지자 수많은 국내외 기업이 나를 찾기 시작했다.

이 책은 '원래부터 영어를 잘하던 사람들'의 자랑 늘어놓기가 아니다. 그들의 조언은 훌륭하지만 바닥부터 기어올라가야 하는 우리에게는 현실감이 없다. 그들은 낚싯대를 던지면 물고기가 잡히는 환경에서 자랐지만, 우리는 낚싯줄을 묶는 법부터 배워야 하지 않겠는가.

왜 당신의 영어는 여전히 제자리일까?

나는 강남 8학군 출신이 아니다. 성남의 작은 공립학교를 다닌 그저 평범한 '촌놈'이었다. 영어 유치원은커녕 외국인 선생님 얼굴 한 번 본 적 없었다. 그래서 사회에 첫발을 내디뎠을 때 외국인 앞에 서는 것만으로도 긴장이 되어 목소리가 떨렸다. 그 막막함과 두려움은 이 책을 펼친 독자들도 한 번쯤은 느껴봤을 것이다.

"분명 한국말로 일할 땐 일당백인데, 왜 영어만 쓰면 뇌 기능이 20퍼센트로 떨어지는 걸까?"

이 웃픈 현실에 공감한다면 이 책은 바로 당신을 위한 것이다.

수많은 한국인이 새벽에 영어 학원을 다니며, 출퇴근길에 BBC를 듣고, 넷플릭스 미드를 정주행하지만 여전히 입은 떨어지지 않는다. 우리의 노력이 부족해서가 아니다. 접근 방식이 잘못되었기 때문이다. 우리는 그동안 영어를 '언어'로만 배웠지, 도구로 써먹는 '마인드셋'은 배우지 못했다.

이 책에는 문법 공식이나 현란한 표현 따위는 없다. 솔직히 그런 건 재미없지 않은가. 그 대신 내가 15년간 글로벌 필드에서 깨지고 부딪치며 몸으로 체득한 '실전 영어 마인드셋 20가지'를 담았다. 물집이 잡히고 살갗이 벗겨지면서도 결국 영어를 내 무기로 만들어낸 과정, 그 안에서 찾아낸 '토종 한국인'만의 생존 전략 말이다.

대한민국 최고의 스펙인 당신에게 '영어'라는 날개를

전 세계를 누비며 확신하게 된 한 가지 사실이 있다. 대한민국 사람들은 놀랍도록 똑똑하고 성실하다는 것이다. 전쟁의 폐허를 딛고 선진국으로 도약한 저력은 세계 어디에 내놓아도 밀리지 않는다. 이 뛰어난 두뇌와 근성에 '영어'라는 날개만 달 수 있다면? 상상은 현실이 된다.

우리의 무대는 더 이상 한반도에 머물 필요가 없다. 당신은 홍콩과 싱가포르의 금융 허브와 어깨를 나란히 할 수 있고 당신의 아이들은 구글과 아마존의 아시아 본부에서 리더가 될 수 있다. 인도 출신 CEO들이 실리콘밸리를 장악했듯 한국인이라고 못 할 이유는 없다.

영어는 단순한 '어학 공부'가 아니다. 당신의 가능성을 전 세계로 확장해줄 가장 강력한 '레버리지Leverage'다. 이 책을 매일 디저트처럼 가볍게 한 장씩 맛보길 권한다. 영어를 두려움의 대상에서 성공의 도구로 바꾼 한 '촌놈'의 이야기가, 이제 막 날아오를 준비를 하는 당신에게 가장 현실적인 가이드북이 되어줄 것이다. 각 이야기가 여러분의 영어 여정을 밝히는 등불이 되어, 새로운 가능성과 기회의 문을 활짝 열어주길 바란다.

누구나 영어 앞에서 주눅 들었던 순간이 있다. 그 막막함을 누구보다 잘 알기에, 이 책에는 영어라는 벽 앞에서 망설이는 당신을 위한 실전 전략과 뜨거운 응원을 꾹꾹 눌러 담았다.

이제 그들만의 리그가 아닌 '우리의 반격'을 시작할 때다.

2026년 새해의 문턱에서
서보경

차례

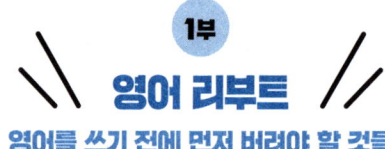

1부

영어 리부트

영어를 쓰기 전에 먼저 버려야 할 것들

2부

실전편

유창함 없이도 통하는 9가지 실전 무기

영어 리부트:
영어를 쓰기 전에 먼저 버려야 할 것들

1부는 초등학생부터 인생의 2막을 준비하는 멋쟁이 어르신까지 영어를 품고 싶은 모두를 위한 '초기화_{Reset}' 버튼이다. 목표는 명확하다. 영어를 책상 위에 앉아서 풀어야 할 지루한 '숙제'가 아니라 내 일상에 스며드는 '라이프스타일'로 바꾸는 것이다.

우리는 그동안 너무 어렵게 배웠다. 복잡한 문법 용어와 완벽해야 한다는 강박은 잠시 내려놓자. 1부에서는 누구나 당장 써먹을 수 있는 가장 본질적인 '영어 마인드셋'을 장착한다. 이것은 2부에서 다룰 실전 기술을 폭발시키기 위한 단단한 기초 체력이자, 당신의 삶을 즉각적으로 변화시킬 유쾌한 가이드가 될 것이다.

두려움이라는 '바이러스'를 제거하라

우리는 영어를 생각할 때 무의식적으로 '점수'나 '평가'를 떠올린다. 시험을 망칠까 봐, 문법이 틀릴까 봐, 발음이 촌스러울까 봐……. 이 막연한 두려움이야말로 당신의 입과 귀를 막고 있는 진짜 범인이다. 하지만 그렇게 주눅 들어 있기엔 영어가 주는 세상이 너무나 넓고 짜릿하다.

이 책은 당신에게 영어를 '삶의 일부'로 받아들이는 새로운 관점을 세안한나. 외국인 친구에게 쿨하게 말을 거는 법부터 미국식 버터 발음과 영국식 젠틀 발음 중 내 취향을 고르는 기준까지,

책상 밖 진짜 세상에서 영어와 친해지는 구체적이고 생생한 방법들을 담았다. 공부가 아니라 '놀이'처럼 접근할 때 비로소 영어는 만만해진다.

언어는 곧 관점이다: 당신의 세상을 확장하라

영어 리부트의 핵심은 '영어로 세상을 바라보는 렌즈'를 갖는 것이다. 영어를 익힌다는 건 단순히 외국어 하나를 배우는 수준이 아니다. 내가 접할 수 있는 정보의 양이 수십 배로 늘어나고, 만날 수 있는 사람의 범위가 전 지구로 확장되는 일이다. 그것은 곧 자신감으로 이어지고, 그 자신감은 당신을 더 큰 무대로 이끄는 원동력이 된다.

1부에서 이야기하는 태도와 접근 방식은 단순한 조언이 아니다. 앞으로 당신이 쌓아갈 영어 실력의 성장 각도를 결정짓는 결정적 '트리거Trigger'가 될 것이다. '영어는 어렵고 지루하다'는 낡은 고정관념을 포맷하고 이제 스스로에게 새로운 질문을 던져보자.

"이 강력한 무기로, 나는 이제 무엇을 해볼 수 있을까?"

부담과 의무감 대신 설렘과 습관으로 당신의 영어를 리부트할 시간, 바로 지금이다.

01
발음보다 중요한 건
당신의 '이야기'다

"지금 당장 집에 가서 짐을 대충 챙기고 나오세요. 길면 반년 정도 일할 수 있으니 집에는 인사 잘 드리고 내일 공항으로 오세요."

2013년 여름, 내가 재직 중이던 회사에서 걸려온 전화였다. 발신자는 당시 홍콩 프로젝트를 총괄하던 상사였다. 평소 같으면 며칠이나 몇 주 전부터 협의를 거쳐 떠날 파견인데 전화 한 통으로 일사천리로 진행되었다. 오후 4시에 전화를 받고 부랴부랴 짐을 싸서 다음 날 아침, 공항으로 향했다. 긴장되었지만 낯선 모험에 대한 기대감도 컸다.

출장이나 여행으로 짧게 외국에 나간 적은 있었지만 몇 달 동안 외국에서 일하는 것은 처음이었다. 아마 이 책을 읽는 예비 유학생이나 주재원들도 비슷한 마음일 것이다. 새로운 환경, 새로운 사람, 새로운 언어……. 그 공포감은 겪어보지 않은 사람은 모른다. 하지만 그 두려움 속에 내 인생을 바꿀 결정적인 '한 수'가 숨어 있을 줄은 그때는 미처 몰랐다.

외국어 모드, 꺼도 괜찮습니다: 인도인 상사의 충격적인 조언

홍콩 첵랍콕 공항에 도착한 후, 뜨거운 햇살을 맞으며 완차이 시내로 향했다. 그곳에서 만난 첫 번째 에피소드의 주인공이자, 내 직속 상사인 인도인 S 씨. 그는 인도의 부유한 집안 출신으로 흔히 말하는 로컬 엘리트였다. 나는 아직 짐도 제대로 풀지 못한 가운데 영어 사용에 대한 걱정으로 머릿속이 복잡한 상태였다.

첫 만남에서 그는 나에게 몇 가지 질문을 던졌고, 그 순간 그의 표정이 잠깐 굳어지는 것을 느꼈다. 아마 속으로 '이 친구, 영어가 별로네'라고 생각했을지도 모르겠다. 긴장한 내 머릿속은 하얘졌고, 입에서는 의미 없는 단어만 맴돌았다. 순간 등줄기를 타고 서늘한 기운이 흘렀다.

학업이나 업무 때문에 해외로 나가본 독자라면 그때 느꼈던 그 당혹감을 쉽게 떠올릴 수 있을 것이다. 여행 정도라면 "하우 머치", "디스 원 투"만으로도 어느 정도 통하지만, 먼 타국까지 와서 일하려면 최소한 불편 없이 소통할 수 있어야 하지 않을까 하는 압박감이 밀려드는 게 당연하다.

그렇게 벌벌 떨고 있던 내 어깨를 S 씨가 툭툭 두드리며 말했다.

"보경, 영어로 하려고 끙끙대지 말고 한국어로 먼저 말해봐."

나는 내 귀를 의심했다.

"네? 한국어 모르시잖아요?"

그가 피식 웃으며 답했다.

"상관없어. 우리가 널 부른 건 네 '입'(영어)이 필요해서가 아니야. 네 '머리'(생각)가 필요해서지. 일단 한국어로 네 논리를 정리해서 뱉어봐. 영어는 그다음에 천천히 바꿔도 돼."

나는 짧게나마 한국어로 말했고 그가 다시 말했다.

"잘했어. 나는 무슨 말인지 하나도 모르겠지만, 이제 그걸 천천히 영어로 말해봐."

정말 신기한 경험이었다. 교포 동료들처럼 유창하지는 않았지만 먼저 한국어로 생각을 정리한 뒤 영어로 말하니 훨씬 수월하게 의사전달이 되었다.

그는 곧바로 한 가지 조언을 건넸다. '생각 정리'와 '영어 말하기'를 분리해보라는 것이었다. 우리는 흔히 "영어로 생각하라Think in English"는 조언을 듣는다. 하지만 이는 원어민 수준에 도달한 사람들의 이야기다.

우리처럼 영어가 모국어가 아닌 사람들이, 생각조차 정리되지 않은 상태에서 억지로 '외국어 모드'를 켜려 할 때 어떤 일이 벌어질까? 외국어로 바로 생각하고 대화할 수준이 되지 않는 이상, '말하는 뇌'와 '생각하는 뇌'가 엉키며 과부하가 걸리게 된다. 결국 말이 꼬이고, 핵심은 사라지며, 자신감은 무너진다.

이럴 땐 잠깐 멈춰서 모국어로 생각을 정리한 다음, 중요한 포인트만 영어로 간결하게 말하는 게 훨씬 효과적이다. 이 단순한 원칙은 많은 영어 교재나 회화 강사들이 말하는 "영어로 생각하라", "영어로 사고하라"는 조언과는 완전히 반대다. 아마 그런 조언은 애초에 영어를 잘했던 사람들에게나 가능한 이야기일 것이다.

물론 이런 방식이 때로는 답답해 보일 수도 있다. 대화 도중 잠시 멈추면 상대가 나를 답답하게 보지 않을까, 한심하게 여기지 않을까 걱정되기도 한다. 그럴 땐 오히려 차분하게 말하면 된다.

"잠깐만요, 제 생각을 20초 정도 정리하고 말씀드릴게요."

그러고 나서 모국어로 생각을 다듬고 그것을 영어라는 '도구'로 전달하는 것이다. 이는 말이 엉키거나 아무 말이나 쏟아내는 것보다 훨씬 더 분명하고, 신뢰감 있는 커뮤니케이션 방식이다. 유창한 헛소리보다 투박한 진심이 훨씬 강력하다.

발음보다 중요한 건 따로 있다

사실 S 씨에게서 얻은 가장 큰 깨달음은 생각 정리와 말하기 절차가 아닌 '영어 발음'에 관한 것이었다.

그는 인도에서 엘리트 교육을 받은 유창한 영어 사용자였지만, 처음 만났을 때부터 다른 사람은 알아듣기 어려운 강한 인도 억양을 가지고 있었다. 새 환경에서 새 상사와, 그것도 외국어로 일해야 했던 나에게 억양은 또 하나의 장벽처럼 느껴졌다.

그러던 어느 날, 홍콩 시내의 인도 요리 레스토랑에서 S 씨와 단둘이 저녁을 먹게 되었다. 그는 채식주의자였고, 마침 그가 좋아하는 인도 커리에 파니르 치즈를 곁들인 식사를 함께했다.

그날의 기억은 지금도 생생하다. 홍콩에 막 도착했을 때는 한 걸음만 걸어도 등에 땀이 흘렀고, 매일 숙소로 돌아와 셔츠를 세탁소에 맡겨야 할 정도로 더웠다. 그런데 그날은 처음으로 선선한 바람이 불기 시작한 날이었다. 홍콩에 드문드문 찾아오는 가을이 시작된 것이다. 보통 홍콩에는 10월부터 3월까지 한국의 화창하고 선선한 봄 날씨 같은 나날이 이어지곤 한다. 날씨 때문이었을까. 그날따라 S 씨가 더 이상 어렵게 느껴지지 않았고 그의 억양에도 제법 익숙해져 있었다. 우리는 점점 형제처럼 가까워지고 있었다.

그리고 그날, 나는 오랫동안 궁금했던 질문을 던졌다.

"S 씨, 인도 억양 때문에 불편하셨던 적은 없나요? 혹시 미국식이나 영국식 억양으로 바꿔보고 싶었던 적은요?"

돌이켜보면 그 질문에는 나조차 의식하지 못한 '영어 발음 제일주의'가 짙게 깔려 있었다. 한국에서 자라면서 영어를 배운다는 건 곧 '미국인처럼 말하기'를 배우는 것이라 여겨왔던 셈이다. 회화 학원에서도, 학교에서도, 미국식 억양은 롤모델이자 도달하고 싶은 목표였다.

하지만 그의 대답은 전혀 예상 밖이었다.

"왜?"

내가 당황해하며 말했다.

"음…… 영어는 원래 영국에서 시작됐고, 지금은 미국이 경제의 중심이니까요. 미국이나 영국 억양을 따라 하면 커리어에도 도움이 되지 않을까요?"

S 씨의 대답은 실로 놀라웠다. 그는 웃으며 말했다.

"이봐, 한국 친구. 영어를 제일 많이 쓰는 나라가 어딘지 알아? 미국? 영국? 아니야. 바로 인도야. 인도의 10억 인구 중 상당수가 영어를 자유롭게 사용해. 우리가 아무리 강한 억양을 쓰더라도 모국어로 영어를 사용하는 사람들은 대부분 다 알아듣지. 마찬가지야. 내가 한국어를 조금 어눌하게 말해도 너는 결국 다 이해할 수 있잖아?"

그러고는 조금 더 진지하게 덧붙였다.

　　　1부 영어 리부트: 영어를 쓰기 전에 먼저 버려야 할 것들

"영어 사용 인구가 미국에는 3억 명, 영국에는 7천만 명쯤 있지. 어쩌면 그들 중 90퍼센트는 나보다 발음이 훨씬 좋을 거야. 하지만 좋은 발음을 가졌다고 해서 좋은 학교, 좋은 직장에 간다고 생각하면 안 돼. 중요한 건 얼마나 '똑똑한 생각'을 갖고 있는지, 그걸 얼마나 잘 정리해서 상대가 이해할 수 있도록 설명할 수 있는지야. 커뮤니케이션의 핵심은 발음이 아니라 내용이야."

마지막으로 S 씨는 내가 좀처럼 믿기 어려운 말을 덧붙였다.

"내 인도 억양은 10억 명이 쓰는 영어야. 10년쯤 지나면 인도 명문대를 나온 친구들이 전 세계 무대에서 이 억양 그대로 전혀 부끄러워하지 않고 영어를 말하게 될 거야. 내가 말을 더듬거나 논리가 없다면 부끄럽겠지만 내 억양은 부끄러움의 대상이 아니야. 발음은 포장지일 뿐 핵심은 콘텐츠라는 걸 명심해. 10년 뒤엔 내 억양을 쓰는 사람들이 글로벌 기업의 CEO 자리를 꿰찰 거야. 지금은 농담처럼 들릴 수 있겠지만 나중에 후회하지 않으려면 너도 나랑 일하는 동안 이 억양에 익숙해지고 가능하다면 배워보려고 노력해봐."

그 말을 듣는 순간 머리를 망치로 얻어맞은 듯한 충격이 밀려왔다. 지난 20년 동안 나는 '미국인처럼' 들리도록 발음과 회화를 갈고닦아왔기 때문이었다. 한국의 영어 학원들도 대부분 비슷하다. 영어 토론의 본질이나 내용보다 발음 교정에 집착한다. 그러다 누군가 발음이 조금 어색하면 곧잘 '못 배운 사람'처럼 취급당하고 그런 분위기 속에서 많은 이의 입은 굳어버린다.

하지만 S 씨는 정반대의 조언을 했다. 인도 억양을 배워보라고, 영어는 '너의 똑똑한 생각'을 전달하는 수단일 뿐이라고. 그말 한마디가 내 인식 체계를 완전히 뒤흔들었다.

그날 이후 나는 서서히 영어 발음에 대한 강박에서 벗어나기 시작했다. 영어를 모국어처럼 쓰는 교포들은 그런 강박을 느끼지 않는다. 그들에게 영어는 자연스럽게 몸에 밴 언어니까. 하지만 나처럼 한국에서 태어나고 자란 사람들은 늘 자신의 발음이 촌스럽지는 않을까, 부족해 보이지는 않을까 걱정한다.

이런 발음 강박을 깨는 데 도움이 되는 아주 간단하면서도 흥미로운 사례가 있다. 굳이 단어장처럼 외울 필요는 없다. 이 책은 영문법 교재가 아니라 '마인드셋'에 관한 이야기니까.

예를 들어보자. '자료'를 뜻하는 영어 단어 Data. 영어에 익숙한 독자라면, 아마 미국식으로 "데이라"라고 발음할 것이다. 반면 우리처럼 영어를 늦게 배우기 시작한 사람들은 "데!이!터"라고 읽곤 한다. 그러면 종종 "촌스럽다"는 평가를 듣기도 한다. 하지만 실제 영어권 국가들을 여행해보면 이러한 생각이 얼마나 편협했는지 깨닫게 된다. 먼저 영국에 가보면, Data는 "데이타"로 발음된다. T 소리를 또렷하게 살리는 방식이다.

다시 비행기를 타고 영국의 옛 식민지였던 호주나 뉴질랜드로 가보면, 이 단어는 "다타" 혹은 "다라"로도 들린다. 만약 이런 발음 차이에 대한 사전 지식 없이 처음 호주 공항에 도착한 사람이 "다라"라는 소리를 들었다면 어리둥절할 수밖에 없다. 또다시 비행기를 타고 인도 뉴델리에 도착하면 이번엔 "데이따"라는 발음을 듣게 된다.

이처럼 영어 발음은 지역과 문화에 따라 끝없이 다양하게 변형된다. 이 모든 발음을 일일이 외울 필요는 없다. 중요한 건 이 사실이 전하려는 메시지에 있다. 애초에 영어 발음에는 '정답'이 없다. 우리는 늘 '올바른 발음'에 집착하며 스스로를 검열한다. 하지만 정작 영어를 모국어로 쓰는 미국, 영국, 호주 사람들은 자신의 억양을 고칠 생각이 전혀 없다. 그들은 정확성보다 소통을 우선시하고 억양은 정체성의 일부로 받아들인다.

그 어떤 억양도 영어를 말하는 데 결코 장애물이 아니라는 것, 이 깨달음만으로도 영어로 향하는 문턱은 훨씬 낮아진다.

콩글리시도 괜찮다, 생각이 팬시fancy하다면

우리나라에는 '표준어'라는 개념이 있다. "교양 있는 사람들이 쓰는 현대 서울말"이라는 정의 아래, 발음과 억양까지 일정 기준을 요구한다.

그런데 이 개념을 영어권 사람들에게 설명하면 대부분 당황스러워한다. 예컨대 한국에서는 뉴스 아나운서가 되려면 표준 발음을 완벽히 익혀야 한다고 말하면 그들은 더욱 의아해한다. 모두가 다양한 배경을 지닌 사회에서 어떻게 하나의 발음을 강요할 수 있느냐는 것이다. 실제로 2025년 현재, 싱가포르에서 CNBC 뉴스를 진행 중인 한 여성 앵커는 인도 출신이다. 그녀의 영어에는 인도 특유의 억양이 여전히 묻어나지만 아무도 그것을 문제 삼지 않는다.

오히려 영어권 사회는 '발음'보다 그 사람이 얼마나 명확하고 논리적으로 말하는지를 훨씬 더 중요하게 여긴다. 그래서 영어권에서는 발음이 아무리 좋아도 논지가 없으면 바보처럼 보이고, 반대로 발음은 부족해도 요점 위주로 똑똑하게 말하는 사람은 실력자로 인정받는다. 이 문화는 한국보다 훨씬 분명하게 드러난다.

이 책의 첫 에피소드부터 발음 이야기를 길게 꺼내는 이유도 바로 여기에 있다. 모국어가 아닌 외국어로 대화를 시작하는 순간 우리의 뇌는 기존 속도의 절반 이하로 느려진다. 그런데 여기에 유창한 발음까지 신경 쓰려 하면 처리 능력은 절반의 절반으로 더 떨어진다. 우리가 흔히 겪는 현상이 바로 이것이다. 영어로 입을 떼는 순간 머릿속은 멍해지고, 내 지능이 4분의 1로 급격히 줄어든 듯한 그 무력감 말이다. 똑똑한 사람일수록 이 괴리감에 더 큰 좌절을 느끼기도 한다.

해결책은 간단하다. 뇌 용량을 '발음'이 아닌 '콘텐츠'에 집중하는 것이다. 우리나라 고위 관료나 정치인들을 보라. 사투리를 쓴다고 그들의 정책이나 식견이 무시당하던가? 결국 중요한 건 '무엇What'을 말하느냐다. 외국어 학습의 본질은 '원어민 흉내'가 아니다. 내 생각을 나다운 방식으로 상대의 뇌리에 꽂아 넣는 기술을 익히는 것이다.

우리나라에서 영어를 가장 잘하는 집단을 꼽자면, 단연 외교관들이 떠오른다. 그러나 정작 해외 현장에서 그들을 만나보면 우리가 기대하는 '유창한 오바마식 영어'를 구사하는 경우는 의외로 드물다. 특히 고연차 고위 외교관들 중에는 콩글리시 억양이 꽤 강하게 느껴지는 분들도 종종 있다.

영어를 잘 모르는 사람들은 "외교관 발음이 왜 저래?"라고 할지 모른다. 하지만 미국 엘리트들의 반응은 정반대다. 그들의 고급스러운 어휘 선택, 정제된 표현력 그리고 메시지의 무게감에 감탄을 쏟아낸다. 발음은 한국적일지라도 그 안의 콘텐츠가 '월드 클래스'이기 때문이다.

아이러니하게도 내가 이 마인드셋을 배운 사람은 미국인도, 영국인도 아니었다. 바로 인도에서 온 S 씨였다. 그가 강조한 건 언제나 "발음보다 내용"이었다. 외국인들은 우리의 발음을 그다지 신경 쓰지 않는다. 그보다는 우리가 얼마나 핵심을 정확하게 정리해서 다소 더듬거리더라도 효과적으로 전달하는지를 본다.

만면 발음은 매끄럽지만 슬랭이나 유행어를 남발하는 말에는 깊이가 없다는 것을 단번에 간파한다. 물론 발음을 전혀 신경 쓰지 말라는 건 아니다. 다만 영어가 아직 몸에 익지 않은 시기에는 전 세계 모든 사람에게 통용되는 '정답 같은 발음'이 존재하지 않는다는 사실을 먼저 이해할 필요가 있다. 그리고 그 사실을 알게 된 이상 때로는 약간 뻔뻔해져도 괜찮다.

영어가 충분히 익숙해지고 난 뒤에 천천히 발음을 다듬어도 늦지 않다. 당신의 영어가 완벽한 발음은 아닐지라도 깊이 있는 생각과 훌륭한 아이디어를 담고 있다면 누구도 그것을 '부족한 영어'라고 여기지 않을 것이다. 오히려 "원어민도 아닌데 저렇게 설득력 있게 말하다니!"라며 당신에게 더 깊은 신뢰를 보낼 것이다.

알맹이로 승부하라

인도인 S 씨에게 그 이야기를 들은 지도 벌써 10년이 흘렀다. 지금은 마이크로소프트, 구글, 엔비디아, 넷플릭스 같은 글로벌 빅테크 기업의 최고위 임원들 중 상당수가 인도인이다. 그리고 그들 대부분은 여전히 인도 억양으로 영어를 말한다. 그 억양을 부끄러워하지도, 감추려 하지도 않는다.

만약 내가 그들과 직접 마주 앉아 다시 한번 같은 질문을 던진다면 그들도 아마 S 씨와 비슷한 답을 할 것이다.

"포장지인 발음보다 알맹이인 콘텐츠에 집중해. 그게 승리하는 법이야."

이 한 문장은 나를 영어 감옥에서 해방시켜주었다. 나는 더 이상 콩글리시 억양을 부끄러워하지 않는다. 내 뇌를 발음 걱정에 낭비하는 대신 오직 상대방을 설득할 논리에만 집중하게 되었다.

이 책을 읽는 당신, 그리고 미래를 이끌어갈 우리 아이들이 '콩글리시'를 다르게 정의했으면 좋겠다. 그것은 숨기고 싶은 낙인이 아니다. '비록 모국어는 아니지만, 생각을 치열하게 정리해 성실하게 전달하는 한국인의 지성'을 상징하는 배지가 되어야 한다.

국제 무대 어디서든 당신의 목소리를 내도록 하라. 혀를 굴리지 않아도 좋다. 언어는 결국 도구일 뿐이다. 사람의 마음을 움직이는 진짜 무기는 화려한 발음이 아니라 마음에서 나오는 진심과 지혜에서 시작된다는 사실을 잊지 않았으면 좋겠다.

인도 출신 빅테크 경영진들은 무엇이 다를까?

글로벌 비즈니스 현장에는 불변의 법칙이 하나 있다. "사람들은 발음 좋은 사람의 말은 '흘려듣고', 논리적인 사람의 말은 '받아 적는다'"는 것이다.

의사소통의 본질은 상황을 꿰뚫는 한두 개의 핵심 메시지에 있다.

인도 출신 CEO들이 실리콘밸리를 장악한 비결은 간단하다. 구글의 순다르 피차이가 대표적이다. 그는 화려한 발음 대신 본질을 꿰뚫는 정교한 논리로 세계를 설득했다. 그들은 억양을 고치느라 시간을 쓰는 대신 상황을 꿰뚫는 '핵심 메시지 Key Message'를 다듬는 데 집중했다. 억양이 투박한 건 문제가 아니다. 진짜 문제는 당신의 생각이 두서없다는 것이다. 영어로 회의나 인터뷰를 할 때 발음 걱정은 접어두고 미리 두세 개의 핵심 포인트를 정리해두자.

Insight   발음

- 완벽한 발음은 존재하지 않는다. 세상 어디에도 '모두에게 통하는 영어'는 없다.
- 영어는 '완벽한 문장'을 구사하는 시험이 아니다. 상대의 니즈를 꿰뚫는 '결정적 한마디'를 던져 기회를 만들어라.
- 발음을 신경 쓰는 대신 당신의 생각을 선명히 구조화하라.

02
영어 뉴스 백날 들어도 당신의 귀가 뚫리지 않는 이유

덜컹덜컹, 덜컹덜컹.

지금 여러분은 나와 함께 영국 런던 지하철에 와 있다. 더 정확히 말하자면 런던 중심부 트라팔가 광장(서울로 치면 광화문쯤 되는 곳)에서 약간 떨어진 해머스미스역 근처다. 2016년과 2017년, 내가 보스턴컨설팅그룹BCG의 교환 프로그램으로 잠시 머물렀던 동네다.

2011년 외국계 회사에서 커리어를 시작한 이후 몇 번의 해외 프로젝트를 경험하긴 했지만, 런던으로 가기 전까지 영어는 나에게 여전히 낯설고 무서운 언어였다. 그때 회사에서는 '글로벌 봉사 연수 프로그램'을 운영하고 있었고 나는 그 기회를 잡기로 했다. 전 세계 컨설턴트들이 국제 NGO에서 활동하는 프로보노Pro Bono 프로젝트였는데 내가 배정된 곳은 세이브더칠드런 인터내셔널Save the Children International의 런던 본사였다.

"영어 못하는데 지원해도 될까?"

지금 생각해보면 꽤 무모했다.

영어 실력이 부족한 걸 알면서도 용감하게 손을 들었고 면접 걱정에 예상 질문을 몇 장씩 써가며 달달 외웠다. 세이브더칠드런 측에서는 '영어 잘하는 줄 알고 뽑았더니 사기 당한 기분'이었을지도 모르겠다.

하지만 따져보면 그럴 법도 했다. 지금까지의 학교 생활도, 직장 생활도 모두 한국 안에서 이루어졌고, 영어는 늘 시험을 위한 과목이자 업무 보조 언어였다. 주류 언어는 한국어였고 영어는 '외국어'였다. 하지만 런던에서는 상황이 완전히 달랐다. 말 그대로 '올로케이션All-location' 환경, 즉 나를 제외한 모두가 영어를 모국어처럼 쓰는 곳이었다. 이런 환경에서 살아남는 것은 생각보다 훨씬 어려웠다. 회의의 절반은 못 알아듣겠고, 매일 아침 모닝 미팅 때는 내가 무슨 일을 하는지조차 설명하기 버거웠다. 동료들이 웃을 때 눈치껏 따라 웃었지만 속으로는 식은땀이 흘렀다.

하지만 다른 사람보다 빨리 적응하고 싶었다. 아마 이런 얘기,

어릴 적 한 번쯤 들어봤을 것이다. "내 친구가 병원에 누워 있는 동안 CNN 뉴스만 주구장창 들었는데 어느 날 갑자기 귀가 뻥 뚫리더니 영어가 다 들리더라." 그럴싸하지만 평범하게 살아온 우리 대부분에게는 그런 기적 같은 순간은 아마 오지 않을 것이다.

이번 이야기는 우리가 영어를 배우며 평생 겪게 되는 또 하나의 숙제—"뚫리지 않는 귀"(부제: 쟤 뭐라는 거야?)—에 관한 이야기다.

하루 2시간, 그리고 참담한 실패

영국에 도착한 날부터 나는 듣기 실력을 키우겠다고 매일 2시간씩 영어 라디오를 들었다.

해머스미스역에서 회사가 있는 트라팔가 광장(레스터스퀘어역)까지는 지하철로 약 35분 거리였지만 나는 일부러 1시간 넘게 걸리는 빨간 이층 버스를 탔다. 당시 영국 지하철은 대부분 휴대전화 신호나 와이파이가 잘 터지지 않았다. 사람들은 그저 책이나 신문을 읽으며 시간을 보냈다. 하지만 버스에서는 영국의 대표 라디오 채널인 BBC를 들을 수 있었다. 나는 매일 출근길에 이어폰을 끼고 BBC 뉴스를 들으며 '영어 귀'기 트이기만을 학수고대했다.

살던 곳은 도심에서 제법 떨어진 외곽이었지만 월세는 무려 250만 원에 달하는 스튜디오 원룸이었다. 그래서 점심은 늘 서브웨이 빅사이즈 샌드위치 하나를 반으로 나눠 먹었다. 남은 절반은 가방에 넣고, 버스 맨 앞자리에 앉아 런던 시내를 구경하며 하루 30, 40분씩 더 투자했다. 그렇게 매일 2시간씩 영어 뉴스를 들은 지 한 달쯤 흐르고 있었다.

내 영어 듣기 실력은 과연 눈부시게 향상되었을까?

결론부터 말하자면, 참담할 정도로 실패했다.

한 달 넘게 하루 2시간씩 뉴스만 들었지만 여전히 말이 뭉개져 들렸고 핵심도 놓쳤다. 귀가 '뻥' 뚫리기는커녕 점점 무너지는 기분이었다.

이 지점에서 나는 한 가지를 절감했다. "영어 뉴스 100시간 들으면 귀가 열린다"는 말은 대부분 이미 영어를 잘하던 사람들에게나 해당되는 이야기라는 것. 영어 학습에 시간을 많이 투자한다고 해서 모두에게 같은 효과가 나는 건 아니었다.

결국 나는 방향을 바꾸기로 했다. 더 나은 방법이 있을 거라 믿으며 사람을 찾았다. 그때 나에게 가장 중요한 조언을 해준 사람이 바로 세이브더칠드런 영국 본사에서 근무하던 J였다.

J는 영국 토박이가 아니었다. 대영제국 시절의 한 식민지에서 건너온 이민자 가정 출신으로, 어린 시절부터 영국에서 자랐다. 그런 배경 덕분이었는지 한국에서 혈혈단신으로 온 내가 안쓰럽

게 느껴졌나 보다. 그는 종종 회사 소셜 이벤트나 회식 자리에 나를 데려가 소개해주었고, 일상에서 접하는 어려운 표현들도 하나하나 풀어서 설명해주곤 했다. 일종의 '형' 같은 존재였다.

어느 날, 나는 진지하게 물었다.

"형, 나 BBC 뉴스를 하루에 2시간씩 들은 지 한 달 넘었는데 왜 귀가 안 뚫릴까?"

그는 한참을 웃더니 이렇게 말했다.

"헤이 보Bo, 내가 한국에 가서 한국어 조금 배운 다음에 버스 안에서 하루 종일 라디오만 듣는다고 갑자기 뉴스가 다 들릴 것 같아?"

그 한마디에 나는 머리를 한 대 얻어맞은 듯 멍해졌다.

그때 깨달았다.

시간이 아니라 방향이 문제였구나. 영어를 듣는 데 들인 시간이 부족했던 게 아니라, '내 수준에서 무엇을 들어야 하는가'에 대한 고민이 없었던 게 문제였다.

드디어, 귀가 트이기 시작한 날의 깨달음

J는 다시 웃으며 차분히 설명해줬다.

"네가 듣는 BBC 뉴스가 아무리 일반적인 영국 사람들이 듣는 뉴스라고 해도 우리 영국인조차 처음 듣는 어려운 단어들이 수두룩해. 브렉시트 관련 경제정책, 세계 정상들 이름, 테러와 관련된 생소한 전문 용어들이 매일 나오니까. 사전지식 없이 그냥 듣기만 하면 백날 들어도 안 들리는 게 당연해."

그 말이 너무나 와닿았다. 사실 우리 주변에도 영어 뉴스를 아무렇지 않게 듣는 '영어 잘하는 친구들'은 있다. 그들에게 물어보면 대부분 이렇게 말한다.

"그냥 매일 꾸준히 듣다 보면 귀가 뚫려."

하지만 이 말에는 큰 전제가 빠져 있다. 이미 영어를 어느 정도 하는 사람에게나 적용되는 이야기라는 점이다. 모르는 단어는 백 번을 들어도 그냥 지나가는 바람 소리일 뿐이다.

그날 이후 나는 방향을 바꿨다. 귀가 뚫리지 않는 이유가 내 노력의 부족 때문이 아니라 공부 방식의 문제라는 걸 인정했기 때문이다. 독자들 중에서도 영어 듣기를 아무리 열심히 해도 귀가 잘 뚫리지 않는다고 느끼는 독자라면 나처럼 해보는 것도 좋겠다.

듣기를 잘하고 싶다면 뉴스와 기사 내용을 병행해서 공부해야 한다. J가 말했듯 영어 뉴스는 배경을 모르면 아무리 반복해도 들리지 않는다. 예를 들어 '메타버스'나 '생성형 AI' 같은 세계적인 트렌드가 뉴스에 등장하던 시절을 떠올려보자. 한국어 뉴스조차도 처음엔 무슨 말인지 몰라서 고개를 갸우뚱했을 것이다. 하물며 영어 뉴스는 어떻겠는가?

그래서 나는 그날 이후 루틴을 바꿨다.

아침 루틴은 크게 다르지 않았다. 맛없는 시리얼에 우유를 부어 대충 먹고, 샤워를 마친 후 코트를 걸치고 집을 나섰다. 더 이상 버스 정류장으로 향하지 않았다. 더 빠르게 회사에 도착할 수 있는 해머스미스 지하철역으로 향했다.

역 앞엔 매일 아침 무료 신문이 비치돼 있었다. 지금은 많이 사라졌지만 당시에는 『메트로』 같은 무료 신문이 흔했다. 영국은 아직도 많은 지하철 노선에서 휴대폰이 터지지 않기 때문에 이런 신문이 유용하다.

나는 지하철을 타자마자 신문 처음 세 쪽 정도를 읽었다. 열차에서 내려 점심 샌드위치를 사러 가는 길, 그리고 사무실 책상에 앉기까지. 처음엔 세 쪽을 다 읽기도 벅찼다. 정치인 스캔들, 유가 변동, 지정학적 분쟁, 생소한 국가 이름들……. 익숙하지 않은 단어투성이였지만 핵심 기사 위주로 하나씩 단어를 외워가며 계속 읽었다.

저녁이 되면 다시 버스를 탔다. 노을이 내리던 런던 시내에서 빨간 이층버스는 최고의 풍경을 선사했다. 그 안에서 이어폰을 꽂고 다시 BBC 뉴스를 들었다.

그러던 어느 날, 놀라운 일이 일어났다. 아침 신문에서 읽었던 단어들이 귀에 꽂히기 시작했다. "…… Crisis in Ukraine(우크라이나 위기)……." 그전까지 안 들리던 단어였다. 왜냐고? 그들은

'우크라이나'가 아니라 "유크레인"이라고 발음했으니까. 신문에서 스펠링을 확인하고 발음을 유추해둔 덕분에 그 단어가 들리자 문장 전체의 맥락이 퍼즐처럼 맞춰졌다. 핵심 키워드 몇 개가 들리니 안 들리던 나머지 문장들도 덩달아 해석되기 시작했다. 마법이 아니었다. '배경지식의 힘'이었다.

결국 뉴스에서 튀어나오는 몇 개의 단어가 문맥 전체를 열어주는 열쇠였고, 듣기의 실마리는 그렇게 풀리기 시작했다.

귀는 뚫는 게 아니다, 여는 것이다: 듣기 전에 이해하라

영어 듣기에 왕도는 없다지만 '순서'는 있다. 많은 사람이 "듣기 → 이해하기" 순서로 공부하려다 실패한다. 성공하는 순서는 "이해하기(읽기) → 듣기"다.

교과서적으로는 "꾸준한 노력과 시간의 투자" 외에는 방법이 없다고들 말한다. 하지만 내가 수년간의 시행착오 끝에 발견한 진실은 다르다. 아무리 많은 시간과 노력을 들여도 듣기가 뚫리지 않는 경우가 있다. 노력의 양보다 훨씬 중요한 건 노력의 방향이다. 이번 에피소드를 어떻게 적용하느냐에 따라 영어 듣기 실력은 전혀 다른 궤도로, 추월차선을 타고 성장하게 될지 모른다.

예를 들어보자. 유학이나 교환학생을 앞둔 이라면 유튜브 강의나 전공 수업을 자막과 함께 반복해서 들으려 할 것이다. 출장이나 해외 근무를 앞둔 직장인이라면 넷플릭스나 강의를 틀어놓고 귀를 열기 위해 애쓸 것이다.

그런데 나는 순서를 바꾸기를 권한다. 먼저 자막이나 영상 없이 콘텐츠의 핵심 단어와 표현을 텍스트로 충분히 익힌 뒤, 그 내용을 들으면 효과는 완전히 달라진다. 그냥 자막을 띄워놓고 귀와 눈을 동시에 쓰는 방식은 몰입도는 높겠지만 실력 향상으로는 이어지기 어렵다.

직장 후배 중에 대전 카이스트를 우수한 성적으로 졸업한 친구가 있다. 외국에서 살다 온 적도 없고, 충청도 외곽에서 학원 한번 다니지 않고 과학고와 카이스트를 나온 특출난 인재다. 그런데 이 친구는 영어도 유창하다. 영어 뉴스, 드라마, 인터뷰까지 척척 본다. 궁금해서 물어봤다.

"K야, 해외 경험도 없는데 너는 영어를 어떻게 그렇게 잘해? 얼마나 공부한 거야?"

비결을 물었더니 그녀는 "그냥 원래 들리던데요?"라고 답했다. (천재들의 말은 듣지 말자. 우리에겐 도움이 안 된다.) 평범한 우리에게 필요한 건 수많은 시간을 투자한 노력이며, 그 노력이 헛되지 않도록 해줄 정확한 방향 설정이다.

내가 실제로 효과를 본 방법을 소개한다. 오늘부터 당장 시작할 수 있는 루틴이다.

1. 관심 분야 선정: 경제, 축구, 연예, 무엇이든 좋다.
2. 텍스트 먼저 정독: 관련 기사나 스크립트를 먼저 읽는다.
3. 키워드 사냥: 핵심 단어와 배경지식을 머리에 넣는다(이때 발음도 체크한다).
4. 자막 없이 듣기: 내용을 아는 상태에서 소리에 집중한다.

넷플릭스 드라마도 마찬가지다. 미드 한 편을 보기 전, 해당 에피소드의 자막 파일을 먼저 텍스트로 읽는다. 내용을 충분히 숙지한 뒤 영상으로 보면 지금까지는 들리지 않았던 회화적 표현들이 뚜렷하게 들리기 시작할 것이다.

첫 에피소드에서 다룬 '콩글리시 발음'에 대한 자신감을 기억하자. 발음에 대한 강박을 덜어내고 듣기 훈련의 순서를 전환하는 것만으로도 듣기 실력은 훨씬 빠르게 개선된다.

당신의 귀가 막힌 게 아니다. 머릿속 '데이터'가 부족한 것이다. 오늘부터 무작정 이어폰을 꽂는 대신, 먼저 텍스트를 읽어라. 그 작은 순서의 차이가 당신의 영어 인생을 추월차선에 올려놓을 것이다.

02   Secret Note

듣기Listening는 '청력 테스트'가 아니다
ㅡ아는 만큼 들린다? 아니, '읽은 만큼' 들린다

당신의 귀가 나쁜 게 아니다. 당신의 '배경지식Context'이 텅 비어 있을 뿐이다. 뉴스는 말 그대로 '새New 정보'다. 생소한 경제 용어나 국제 정세는 모국어로 들어도 이해하기 어렵다. 하물며 읽어본 적도 없는 내용을 영어로 듣는다? 그것은 학습이 아니라 고문이다.

CNBC나 BBC 같은 영어 뉴스를 듣기 전에, 『뉴욕타임스』나 『가디언』지의 주요 헤드라인 몇 개만이라도 미리 읽어보자. 그렇게 배경지식을 쌓아두면 뉴스 속 낯선 단어가 훨씬 쉽게 들리고 전체 흐름을 따라가기 한결 수월해진다.

핵심은 '모르는 내용을 미리 익혀두는 것'이다. 그날 앵커들이 하루 종일 떠들 법한 주요 이슈ㅡ우크라이나 전쟁, 생성형 AI, 중앙은행의 금리 인상, 국제 범죄 조직 등ㅡ를 신문에서 미리 확인해두면 속도가 눈에 띄게 빨라진다.

Insight   듣기

• 사전 지식 없는 뉴스 듣기는 시간 낭비다. 오늘의 내용을 먼저 읽고 들어라.
• 단어보다 맥락을 먼저 이해할 때 귀는 열린다.

03
싱가포르의 싱글리시
사투리에서 배우는
글로벌 마인드

2026년, 어느 나른한 오후. 길을 걷다 오랜만에 연락이 끊겼던 친구를 우연히 마주친다. 친구는 반가운 얼굴로 말을 건다.

"야, 오랜만이다! 점심은 먹었어?"

다른 친구라면 이렇게 말할 수도 있다.

"너 밥 먹었어, 점심? 오랜만이네!"

혹은 한술 더 떠서, "점심, 밥 먹었어? 너?"

조금 산만하게 들릴 수는 있어도 못 알아들을 사람은 없다. 내 외국인 친구 블랑카는 한국어를 배울 때 종종 이렇게 말하곤 했다.

"너, 먹었어? 점심밥?"

말의 순서보다 중요한 것: 정답보다 맥락

이번 에피소드는 바로 '어순', 말의 순서에 관한 이야기다. 이 부분은 특히 자녀 영어교육에 신경 쓰는 학부모들에게는 조금 당황스러울 수 있다. 어떤 부모는 이렇게 말할지도 모른다. "우리 아이가 그런 근본 없는 영어를 배우면 큰일 나는데!"

하지만 언어 습득에는 순서가 있다. 먼저 그 언어가 편하고 재밌으며 만만하게 느껴져야 한다. 영어에 대한 흥미가 생기고 장벽이 낮아질 때 비로소 진짜 학습이 시작된다. 영어 마인드가 조금씩 바뀌고 입이 트이는 변화가 따라오는 것이다.

위 예시들은 물론 극단적인 경우이긴 하다. 하지만 일상에서 우리는 다양한 어순의 문장들을 자연스럽게 주고받는다. 한국어 문법 시간에 배운 '주어 + 목적어 + 서술어'의 정석을 그대로 지키는 사람은 거의 없다. 국어책에는 "당신은 밥을 먹었습니까?"라는 문장이 올바른 문법이라고 나올지 몰라도 현실에서는 아무도 친구에게 이렇게 묻지 않는다.

대신 우리는 이렇게 말한다.

"밥 먹었어?"

"먹었어, 너?"

"너, 점심 먹었어?"

그런데도 의미는 전혀 어렵지 않게 통한다. 왜일까?

그건 우리가 모국어를 배울 때 문법책으로 시작하지 않았기 때문이다. 두세 살 아이는 말을 배우기 전에 문법을 배우지 않는다. 오히려 경험을 통해 단어와 문장을, 문맥과 억양을 통해 언어의 흐름을 자연스럽게 익힌다. 그래서 어순이 다소 어색해도 무리 없이 대화를 이어갈 수 있는 것이다. 의미는 단어의 순서보다 상황과 맥락 속에서 자연스럽게 구성된다.

영어도 마찬가지다. 당신이 영어로 말할 때 상대방이 원어민이든 아니든 그들은 당신의 '어순'을 채점하지 않는다. 틀린 순서보다 중요한 건 '전하려는 메시지'다. 개떡같이 말해도 찰떡같이 알아들을 준비가 되어 있는 사람들에게 문법을 따지느라 입을 다무는 것만큼 어리석은 일은 없다.

문법을 내려놓아도 문화는 통한다

이번에는 비행기를 타고 싱가포르로 떠나보자. 아시아에서 1인당 국민소득이 가장 높은 국가 중 하나이자 영어를 '공식 언어'로 채택한 도시국가다.

외국계 기업에서 일하다 보면 싱가포르에 주재하거나 출장 갈 기회가 많다. 홍콩이 금융 허브라면, 싱가포르는 지정학적 리스크를 줄이고 싶어 하는 서양 기업들의 아시아 본부가 집중된 전략적 거점이다. 내가 몸담았던 넷플릭스뿐 아니라 구글, 메타

그리고 명품, 화장품, 자동차 기업들의 아시아 지사는 대부분 싱가포르에 있다.

싱가포르에 처음 도착하면 세 번 놀란다. 첫째, 창이공항의 규모와 인테리어는 인천공항을 능가할 정도로 미래 도시처럼 느껴진다. 둘째, 도심의 고층 빌딩과 계획도시의 풍경은 상상을 뛰어넘는다. 그리고 셋째, 바로 사람들의 영어 말투다.

재미있는 건, 이렇게 영어를 공용어로 사용하는 싱가포르 역시 고유의 억양과 문법을 갖고 있다는 점이다. 그래서 '싱글리시Singlish'라는 말이 생겼다. 우리가 콩글리시를 웃으며 말하듯, 싱가포르 사람들도 자신들의 싱글리시를 유쾌하게 농담 소재로 삼는다.

이에 대한 생생한 경험이 있다. 2024년 출장 중, 싱가포르에서 일하고 있는 대학 후배 A와 저녁 약속이 있었다. 그는 나처럼 한국에서 나고 자란 로컬 출신이다. 지금은 세계적인 금융회사에서 펀드매니저로 활약 중이다. 우리는 여의도와 비슷한 금융 지구 한가운데에 있는 화덕 피자집에서 와인과 고기를 곁들인 저녁을 함께했다.

무거운 나무 문을 밀고 들어가자 장작 냄새가 가득했다. 그때 나만큼이나 피부가 까무잡잡한 현지 종업원이 다가와 물었다.

"Excuse me, sir, can wine lah?"

그러자 A가 망설임 없이 대답했다.

"Can! Can!"

이 장면이 낯설지 않은 독자도 있을 것이다. 싱가포르 사람들은 동네 부랑자들까지 영어를 잘할 정도로 교육 수준이 높다. 듣고 말하고 쓰는 영어 모두 거의 원어민 수준이지만 특이하게도 말하기 스타일에는 자신만의 독특한 문화가 있다. 그들은 문장 끝에 "lah"를 붙여 친근감을 나타낸다. 위 대화에서 "Can wine lah?"는 직역하면 "와인 마셔도 되나요?" 정도가 된다. (나를 보고 '이 손님은 K-팝의 나라에서 온 잘생긴 한국인은 아닐 테고, 당연히 싱가포르 사람이겠지?'라고 생각했을 것이다.)

그런데 흥미로운 건 후배 A의 반응이었다. 분명 한국에서 고등교육을 받고 성문종합영어로 문법을 배웠을 그가 1초의 망설임도 없이 단 두 마디로 대답한 것이다.

"Can! Can!"

나는 눈이 휘둥그레져서 물었다. "야, 너 도대체 지난 몇 년 사이에 무슨 일이 있었던 거야? 5형식 문법은 다 어디 갔어?" 우리는 서로를 보며 빵 터졌고 그날 밤 그의 놀라운 적응력에 대해 긴 대화를 나눴다.

이처럼 영어를 잘한다는 것은 문법 점수가 아니라 그 지역 문화에 얼마나 자연스럽게 스며들 수 있는가에 달려 있다. A는 단지 언어 습득을 넘어서 문화를 체득한 사람이었다.

싱글리시에서 배우는 말하기 용기

내가 굳이 글로벌 펀드매니저인 후배의 '어설픈(?) 영어' 이야기를 꺼낸 이유가 있다. '어순'이라는 주제를 나누기 위해서다. 그는 과거 우리처럼 영어에 서툰 사람이었지만 지금은 글로벌 무대에서 유능한 펀드매니저로 일하며 수많은 외국인 동료와 매일 치열한 토론을 나누고 있다. 그런 그가 한국에서 배운 문법 규칙은 기억 저편에 묻어두고 이제는 싱가포르 현지 동료들처럼 자연스럽게 싱글리시 어순으로 말한다. 우리에겐 다소 웃긴 장면이었지만 나는 그의 놀라운 적응력과 열린 마인드에 깊은 인상을 받았다. 영어를 잘하고 싶어 하는 독자들에게 이 이야기를 꼭 나누고 싶었다.

누군가는 A의 영어를 보고 비웃을지도 모른다. "제대로 배우지 못한 영어"라고 폄하할 수도 있다. 하지만 그렇게 반응하는 사람은 아직 언어의 본질을 모르는 '초보'일 가능성이 크다. 영어를 잘한다는 건 토익 만점을 받는 게 아니다. 그 지역의 문화와 맥락에 얼마나 자연스럽게 스며드는가, 바로 거기에 진짜 실력이 있다. A는 단순히 언어를 넘어 '문화'를 체득했기에 그 자리에 오른 것이다.

만약 우리가 영국 귀족 학교에서 영어를 배웠다면 이렇게 말했을 것이다. "Would you like to drink more wine?"(와인을 좀 더 드시겠습니까?) 혹은 "Can you drink more wine?" 하지만 바쁜 비즈니스 현장에서 혹은 시끌벅적한 식당에서 이런 문장은 마치 한국어로 "손님, 주류를 추가로 음용하시겠습니까?"라고 묻는 것처럼 거리감이 느껴진다. 현장에서는 "More wine?"이면 충분하다.

이런 어순 강박이 오히려 우리의 입을 막는다. 조금 틀려도 괜찮다. 어순이 매끄럽지 않아도 우선 편하게 말해보는 게 시작이다. 아기가 걸음마를 하며 넘어지듯 언어도 실수를 통해 배운다. 처음부터 완벽하려는 생각은 내려놓자. 어순을 신경 쓰느라 말 한마디 못 하는 것보다 엉성해도 먼저 말해보는 태도가 훨씬 낫다. 그런 마음으로 싱가포르에서 배운 어순을 다시 떠올려보자.

"You drink lah?"

"You drink can? OK?"

"More wine?"

이런 표현도 괜찮다는 것이다. 영어를 대화의 도구로 바라보고 완벽하지 않음을 인정하는 순간부터 입은 자연스럽게 열리기 시작한다. 누군가는 이 책이 엉터리 영어를 가르친다고 비판할 수도 있겠지만 나는 그 비판조차 반갑게 받아들인다. 영어에 대한 두려움을 내려놓고, 재미있고 편안하게 접근한 뒤 결국 소통해내는 게 진짜 실력이다. 세발자전거를 타고 시작해 네 발 자전거, 두발자전거를 거쳐 마침내 외발자전거를 탈 수 있는 것처럼.

이제 여러분은 영어 발음, 듣기, 어순에 대한 새로운 관점을 갖게 되었다. 혹시라도 유학파 친구나 문법 지상주의자들이 당신의 영어를 비웃는다면 이렇게 말해보자.

"그래, 나는 지금 세발자전거를 타고 있어. 하지만 너보다 훨씬 더 즐겁고 빠르게 앞으로 나아갈 거야!"

주어+동사 찾다가 버스 떠난다: 단어 몇 개로도 충분하다

"당신 셔츠에 뭐가 묻었네요?"를 영어로 말하려면 꼭 완벽한 문장이 필요할까? 'I would like to inform you that there's something on your shirt.' 이건 문법적으로 완벽하지만 실제 대화에서는 너무 딱딱하다. 그냥 이렇게 말해보자. "Hey, your shirt!"

상대는 바로 알아듣는다. 이게 진짜 영어다. 영어는 한국어보다 훨씬 경제적인 언어다. 몇 개의 단어만으로도 충분히 의사소통이 된다. 문법 교과서 속 완벽한 문장에 집착하지 말고 핵심 메시지에 필요한 단어만 꺼내서 말해보자.

언어는 문법보다 맥락과 분위기로 전달된다. 단어 몇 개로라도 입을 떼는 사람이, 문법 고민하느라 입 다문 사람보다 훨씬 빨리 성장한다.

Insight   **문법**

- 문법보다 맥락이 먼저다. 문법은 시험볼 때나 글로 쓸 때 조금 더 신경 쓰자.
- 정확한 문장 한 줄보다, 타이밍을 맞춘 한마디가 더 강하다.
- 혹은 의미를 정확히 건드리는 한두 단어가 더 큰 힘을 가진다.
- 언어는 틀리면서 배워가고, 말하며 완성된다. Just say it!

뻔뻔함

04
넷플릭스에서 배운
뻔뻔함의 기술

2019년은 내가 세상에서 가장 흥미로운 회사 중 하나에서 일하게 된 해였다.

지난 10년간 몸담았던 익숙한 경영 컨설팅 업계를 떠나, 당시만 해도 한국 시장에서 '물음표'가 가득했던 넷플릭스행 기차에 올라타게 된 것이다. 지금이야 넷플릭스가 없는 삶을 상상하기 힘들지만, 불과 5~6년 전만 해도 상황은 딴판이었다. 한국 유료 가입자는 지금의 절반에도 미치지 못했고 「오징어 게임」 같은 메가 히트작은 상상조차 못 하던 '변방의 시기'였다.

운명의 순간은 예고 없이, 그것도 가장 뜬금없는 날 찾아왔다. 2019년 5월, 부처님 오신 날. 남들 다 쉬는 공휴일에 홀로 텅 빈

회사 미팅룸에 박혀 잔업을 처리하던 중이었다. 적막을 깨고 휴대폰이 울렸다. 액정에 뜬 발신지는 '싱가포르'.

"Hello, Mr. Bo Kyung. Would you be interested in working for Netflix?"

(안녕하세요, 보경. 혹시 넷플릭스에서 일해볼 의향이 있으신가요?)

수화기 너머로 들려오는 낯선 억양의 영어. 전화를 끊자마자 내 머릿속을 스친 첫 번째 생각은 '설렘'이 아니라 '의심'이었다. '이거…… 신종 보이스피싱인가?'

그도 그럴 것이, 나는 엔터테인먼트 산업 근처에는 가본 적도 없는 금융·전략통이었다. 게다가 당시 넷플릭스 코리아는 번듯한 사옥도 없이 광화문의 공유 오피스Shared Office 구석에서 몇몇 멤버가 벤처기업처럼 시작하던 시절이었다. 나 같은 사람에게 그 유명한 미국 기업이 대뜸 국제 전화를 건다? 상식적으로 말이 안 된다고 생각했다.

하지만 그 의심은 곧 '충격'으로 바뀌었다. 그것은 진짜 넷플릭스의 러브콜이었다. 나중에 알게 된 사실이지만 넷플릭스는 외부 헤드헌팅 업체를 거의 쓰지 않는다. 업계에서 '일 잘하는 야생마'가 보이면 인사 담당자가 직접 전화를 걸어 스카우트하는 독특한 '사냥 문화'를 가지고 있었다. 최고의 보상을 줄 테니 중간

다리 따윈 필요 없다는 자신감이었다.

채용 과정은 그야말로 '속도전'이었다. 첫 전화를 받은 날부터 최종 합격 통보를 받기까지 걸린 시간은 단 2주. 그 짧은 보름 동안 무려 7번의 살벌한 릴레이 인터뷰를 치렀다. 그렇게 촘촘하고 집요하게 검증하면서도 모든 절차를 단 14일 만에 끝내는 압도적인 효율성. 그렇게 나는 얼떨결에 10년 묵은 컨설턴트 명함을 내려놓고 전 세계가 주목하는 콘텐츠 제국의 한가운데로 뛰어들게 되었다.

영어 못하는 척 하는 게 더 유리하다

나의 넷플릭스 첫 출근지는 싱가포르 오피스였다. 내 역할은 아시아 각국에서 더 많은 고객을 확보할 성장 전략을 수립하는 일이었다. 팀원들의 면면은 화려했다. 일본, 인도, 베트남, 인도네시아 등 아시아 전역에서 날고 긴다는 경영 컨설턴트들이 한자리에 모인 '다국적 어벤져스'였다.

회사 생활은 꿈만 같았다. 오피스는 넷플릭스의 대표 콘텐츠들로 꾸며져 있었고, 점심시간마다 식당에서는 동료들과 드라마, 다큐멘터리, 영화에 대한 이야기를 자연스럽게 나누곤 했다.

하지만 그 달콤함은 오래가지 않았다. 곧이어 차가운 현실이 내 뺨을 때렸다. 동료들은 괴물이었다. 영어는 기본이고, 제2외국어까지 원어민처럼 구사했다. 상당수는 어릴 적부터 해외에서 자란 '코리안 아메리칸(교포)'이거나, 영미권 대학에서 학위를 딴 유학파였다. 외국계 컨설팅 회사에서 오래 일하긴 했지만 나는 그들 사이에서 가장 영어를 못하는 사람 중 하나였다. 그럴수록 괜히 더 잘 보이려 했다. 발음을 굴리고, 어려운 단어를 골라 쓰고, 슬랭도 섞어 쓰며 영어 '잘하는 사람'처럼 보이려 안간힘을 썼다. 하지만 돌아보면 그 모든 시도가 오히려 나를 더 불편하게 만들고 있었다.

그즈음 그런 나를 보고 결정적인 조언을 해준 사람이 있었다. K 선배였다. 회의 시간마다 발음에 신경 쓰느라 말을 빙빙 돌리고, 못 알아들은 농담에 억지 웃음을 짓는 나를 조용히 지켜보고 있었다. 어느 날, 그녀가 나에게 다가와 툭 질문을 던졌다.

"보경 님, 해외에 얼마나 계셨어요?"

나는 정직하게 답했다.

"솔직히 말씀드리면 유학 경험은 없고 회사 다니면서 조금씩 배운 수준입니다."

그녀는 고개를 끄덕이며 이렇게 말했다.

"보경 님, 영어 잘하는 척하려는 게 보여요. 근데 그럴 필요 전혀 없어요. 우리가 보경 님을 뽑은 건 영어를 잘해서가 아니라 보경 님이 가진 역량 때문이잖아요. 오히려 영어를 일부러 잘 못하는 척해야 할 때도 있어요."

그 말을 듣고 순간 당황해서 되물었다.

"네? 영어를 못하는 척하라고요?"

K는 다시 차분하게 설명했다.

"생각해보세요. 한국 회사에 외국인이 입사했는데 유행어를 억지로 써가며 한국어 잘하는 척하면 어때 보여요? 반면에 '나는 외국인이니까 한국어가 부족할 수 있다. 하지만 내 아이디어는 누구보다 명확하다'고 당당하게 말하는 외국인, 더 실속 있고 믿음직하지 않나요?"

머리를 한 대 얻어맞은 것 같았다. 그녀의 논리는 완벽했다.

"네, 확실히 후자가 더 신뢰가 가네요."

K는 마지막으로 내 정체성을 다시 정의해주었다.

"보경 님은 유학파도 아니고 교포도 아니에요. 바로 그 점이 보경 님의 가장 큰 무기예요. 우리는 본사가 모르는 한국 시장을 꿰뚫고 있는 '로컬 전문가'들이에요. 그런데 우리가 교포 흉내를 내려고 발음을 억지로 굴리면 그들 눈에는 어떻게 보일까요? '얘는 교포라면서 왜 이렇게 영어가 어색해?'라는 의구심만 들 거예요."

그녀의 결론은 명확했다.

"반대로 나가세요. '나는 한국에서 나고 자란 토종이다'라는 걸 딩딩하게 드러내세요. 그리고 영어 실력 내신 '시장 장악력'과 '전문성'을 앞세우세요. 그러면 그들은 보경 님의 투박한 영어조차 '현장감 있는 전문가의 언어'로 받아들이고 더 큰 신뢰를 보낼 거예요."

발음보다 명료함, 교포 흉내보다 진짜 자신감

이 말을 듣고 나서 돌이켜보니, 정말 그랬다. K는 사실 영어를 굉장히 유창하게 잘하는 사람이었다. 미국 본사 경영진과의 회의 자리에서도 막힘없이 한국 시장의 중요성과 성장 가능성을 강조하며 막대한 투자를 이끌어낸 인물이었다. 그녀가 구사하는 영어는 명확하고 강단이 있었지만 미국 교포 동료들처럼 보이기 위해 억지로 발음을 굴리거나 최신 유행어를 사용하는 법은 없었다. 오히려 누가 들어도 한국식 억양이 묻어나는 영어였다.

놀라웠던 것은 그런 '구수한 한국식 영어'조차 글로벌 최고 경영진들 사이에서 충분히 통했다는 사실이었다. 발음이나 슬랭이 아니라 전달력과 메시지 그리고 자신감이 결정적이었던 것이다.

이러한 깨달음은 이후 내가 어떤 조직에서 어떤 미팅을 하든 내 '뻔뻔함 레벨'을 한층 끌어올리는 데 결정적인 역할을 했다. 특히 월스트리트 투자회사에서 일할 때는 굳이 파란 눈의 외국인처럼 영어를 하려고 애쓰는 대신 나의 '태생적 한계'를 '독보적 강점'으로 뒤집어 소개했다.

"나는 한국 로컬 출신이다. 어릴 적엔 경기도 탄천에서 개구리나 잡고 놀던 촌놈이었다. 하지만 그렇기 때문에 너희가 그토록 궁금해하는 한국 시장의 바닥 정서와 진짜 이야기를 해줄 수 있는 유일한 파트너다."

반응은 폭발적이었다. 그들은 뻔한 월가 스타일의 엘리트보다 자신의 정체성을 '촌놈'이라 소개하는 이 솔직하고 뻔뻔한 전략가에게 무한한 신뢰를 보냈다. 나의 '뻔뻔함'은 영어가 완벽하지 않아도 상대의 마음을 여는 가장 강력한 열쇠였다.

실망을 환호로 바꾸는 기술: '기대수준 관리'

이 전략은 경영학에서 말하는 '기대수준 관리Expectation Management'와 정확히 맞닿아 있다. 쉬운 이해를 위해 '피자'를 예로 들어보자.

다음 주, 넷플릭스 출신 강사가 특강을 온다고 가정해보자. 강사가 호언장담한다. "여러분, 제가 요즘 아이돌만 간다는 강남 최고급 핫플의 럭셔리 피자를 쏘겠습니다!" 학생들의 기대치는 하늘을 찌른다. 그런데 막상 당일, 그가 가져온 건 동네에서 파는 평범한 1만 원짜리 콤비네이션 피자였다. 맛이 없진 않지만 학생들은 실망한다. "뭐야, 럭셔리라며?" 그 피자는 '배신감'의 맛이 된다.

이제 다른 상황이다. 강사가 담백하게 말한다. "수업 끝나고 배고플 텐데, 간단하게 요기나 할 간식을 좀 챙겨갈게요." 그런데 당일, 그가 똑같은 1만 원짜리 동네 피자를 꺼낸다. 학생들의 반응은? "와! 간식이라더니 피자였어? 대박!" 강의실은 환호성으로 가득 찬다.

똑같은 피자 한 판이다. 하지만 '사전에 기대치를 어떻게 세팅했느냐'에 따라 결과는 '비난'이 될 수도, '찬사'가 될 수도 있다.

애초에 우리는 다시 태어나지 않는 이상 LA에서 나고 자란 교포처럼 영어를 유창하게 구사할 수는 없다. 이는 '강남 럭셔리 피자'를 약속하는 것과 같다. 지키지도 못할 약속으로 기대치만 높여놓으면 내 영어가 조금만 버벅거려도 상대방은 "영어 잘하는 줄 알았는데 별로네?"라며 실망한다. 그래서 나는 외국인 비즈니스 파트너를 만나거나 파란 눈의 글로벌 학생들에게 강의할 때 기대수준을 전략적으로 낮춘다.

"저는 한국에서 나고 자랐기 때문에 제 영어가 조금 투박하게 들릴 수 있습니다. 만약 이해가 안 되면 말씀해주세요. 다시 명확하게 설명해 드리겠습니다. 하지만 한국 산업과 시장에 대한 인사이트만큼은 제가 여기 있는 누구보다 깊다고 자신합니다. 오늘 그 가치를 가져가시길 바랍니다."

이 멘트는 마법과도 같다. 상대방은 내 발음이나 문법 실수를 너그럽게 이해해줄 준비(기대치 조정)를 마친다. 대신 내가 내놓을 '콘텐츠(시장 분석)'에 온전히 집중한다. 발음을 굴리며 교포 코스

프레를 하느라 에너지를 낭비하는 것보다 "내 영어는 완벽하지 않지만 내 실력은 완벽하다"고 선언하는 것. 이것이 비원어민인 우리가 글로벌 무대에서 살아남는 가장 효과적이고 스마트한 커뮤니케이션 전략이다.

그들의 외국어보다 당신의 영어가 낫다

마지막으로, 영국에서 일할 때 내 '영어 자존감'을 바닥에서 천장으로 끌어올려 준 결정적인 에피소드를 나누고 싶다. 앞서 소개한 이주민 출신 J 형도 같은 말을 해줬다. 독자들에게 작은 위로가 되었으면 한다.

"헤이, 보경. 너 항상 '내 영어가 부족해서 아쉽다'고 말하잖아. 근데 너 그거 알아? 미국이나 영국 사람 중에서 학교 교육을 통해 영어 말고 다른 외국어를 제대로 구사하는 사람이 얼마나 될 거 같아? 20퍼센트도 안 돼. 나도 프랑스어 배운 적 있지만 지금은 하나도 못 해. 저기 옆에 있는 친구는 중남미 여행 때문에 스페인어를 배웠는데 지금 완전 잊어버렸어. 그런데 너는 한국어는 물론 영어도 꽤 잘하잖아? 앞으로 미국인이나 영국인과 대화할 때 웃으면서 이렇게 말해봐. '제 영어가 당신의 한국어보다 낫지 않나요?My English is better than your Korean'"

이 말이 전하고자 하는 핵심은 단순하다. 우리가 상대하게 될 대부분의 미국인이나 영국인들은 이중언어 화자가 아니다. 물론 이튼스쿨을 나온 엘리트나 하버드 졸업생처럼 다국어를 구사하는 이들도 있겠지만 대부분은 모국어 외에는 아무것도 못하는 평범한 사람들이다. 그에 비해 우리는 초등학생 시절부터 영어를 배워왔고, 적어도 전 세계 어딜 가든 영어로 간단한 의사소통은 가능하다. 당신은 이미 그들이 배우지 못한 것을 해낸 사람이다. 그러니 세계 어디에 가더라도 움츠러들 필요가 없다.

혹시라도 미국인이나 영국인과 대화하다가 내 영어가 막혀서 그들이 답답해하는 눈치를 보인다면? 당황하지 말고 여유롭게 웃으며 이렇게 되물어보라. "By the way, what is your second language?"(그나저나 제2외국어는 뭘 하셨어요?) 그러면 아마도 그들은 "프랑스어", "스페인어", "독일어", "중국어" 같은 답을 말할 것이다.

그때 당신은 웃으며 이렇게 답하자.

"내 외국어 실력이 당신의 외국어보다 낫지 않나요?"

많은 사람이 영어를 대할 때 부끄러움을 느끼는 이유는 교포나 유학파 친구들과 비교하기 때문이다. 하지만 그건 출발선이 다른 레이스일 뿐이다. 이제는 그 비교에서 벗어나자. 우리의 비교 대상은 '외국어를 배우는 그들'이어야 한다. 이 관점을 갖는 순간 멘탈은 강철처럼 단단해진다. 특히 앞으로 유학, 교환학생, 워킹홀리데이, 해외 출장, 주재원 생활 등을 준비 중인 분들이라면,

이런 마인드 전환이 여러분의 멘탈을 훨씬 단단하게 만들어줄 것이다. 이는 짐짓 부담을 덜어주려고 하는 이야기가 아니다. 스스로를 당당하게 바라보게 하는 강력한 '마인드셋 전환'이다.

이런 관점을 갖는 순간부터 영어 배우는 속도도 빨라지고 실수에 대한 두려움도 눈에 띄게 줄어든다. 당신의 영어는 당신의 이야기를 담는 도구일 뿐이다. 그것이 서툴더라도, 당신이 담고 있는 생각과 경험이 훌륭하다면 상대는 그 이야기를 기꺼이 듣고자 할 것이다.

영어는 '명품백'이 아니라 '택배 트럭'이다

우리는 종종 외국어를 나를 과시하기 위한 '액세서리'처럼 여긴다. 샤넬 백이나 롤렉스 시계처럼, 화려한 표현과 복잡한 문법, 본토 발음이 나의 '지적 수준'을 증명해준다고 착각한다. 그러나 진실은 다르다. 언어는 단지 내 생각과 감정을 상대에게 배달하는 '도구'일 뿐이다.

생각해보자. 당신이 택배를 받았다. 트럭이 벤츠인지 낡은 용달차인지가 중요한가? 아니다. 중요한 건 '상자 안에 무엇이 들었느냐Contents'다. 포장지(발음, 문법)가 다소 구겨지고 서툴러도 상관없다. 그 안에 담긴 당신의 생각, 경험, 진심이 훌륭하다면 상대방은 기꺼이 당신의 이야기에 귀를 기울인다.

나는 글로벌 무대에서 수없이 목격했다. 유창한 영어로 텅 빈 소리를 주렁주렁 늘어놓는 깡통 같은 사람보다 투박한 콩글리시로 묵직한 통찰을 던지는 사람이 결국엔 리더가 되고 존경받는다는 것을.

이제 '영어라는 감옥'에서 걸어 나오자. 자신감을 갖자. 그리고 당신만의 이야기를 세상에 던지자. 영어는 남을 이기기 위한 비교의 잣대가 아니라 나와 세상을 연결하는 가장 설레는 '소통의 수단'이니까.

04   Secret Note

실수해도 괜찮다, 당신의 영어는 충분하다

"Thanks for your time today, but please consider my English as a second language."
(오늘 시간 내주셔서 감사합니다. 그런데 제 영어는 제2언어라 조금 부족할 수 있어요.)

이 한마디는 생각보다 강력하다. 공식 연설이나 국가 행사처럼 격식이 필요한 자리를 제외하면 대부분의 상황에서 이런 솔직함은 유쾌한 인상을 남긴다.

청중은 완벽한 발음보다 당신의 태도와 진정성을 먼저 본다. 영어 실력이 80점이라면 스스로 70점이라고 말해보자. 70점이라면 60점이라고 해도 좋다. 이렇게 기준을 살짝 낮추면, 상대의 기대치가 조정되고 오히려 더 큰 여유가 생긴다. 천천히, 또박또박, 핵심 메시지 중심으로 이야기하는 사람은 유창한 사람보다 더 신뢰감 있고 인상적으로 들린다.

우리 머릿속엔 시험 공부로 각인된 문법 강박 버튼이 있다. 'enjoy 다음엔 to do인가, doing인가?' '날짜 앞에는 at인가 on인가?' 이런 생각이 떠오르는 순간 입은 굳는다. 하지만 실전 대화에서는 그런 디테일이 거의 중요하지 않다. 문법보다 중요한 건 '의미가 통하는가'이다.

외국인과 대화할 때 이렇게 말해보자.

"I'm Korean, so my English might sound a bit awkward. Please let me know if you need any clarification."

(저는 한국인이라 영어 표현이 조금 자연스럽지 않을 수 있습니다. 혹시 이해가 어려운 부분이 있으면 말씀해주세요.)

"I'm a local expert, so my English might sound a bit 'Korean'. But I guarantee my local knowledge is the best."

(저는 현지 전문가라 제 영어가 다소 '한국적'일 수 있습니다. 다만 현지에 대한 이해와 정보만큼은 최고라고 자신합니다.)

이 한마디로 분위기가 풀리고, 이후에는 작은 실수쯤은 아무도 신경 쓰지 않는다. 상대는 당신을 '문법에 약한 사람'이 아니라 '제2언어를 자신 있게 구사하는 사람'으로 기억하게 된다.

Insight   뻔뻔함

- 뻔뻔함Shamelessness도 실력이다.
- 억지로 교포 흉내를 내다 스텝이 꼬이는 것보다 "나 토종이야, 그래서 뭐?"라는 태도가 훨씬 돋보인다. 비영어권 출신의 자연스럽고 당당한 태도, 그것이 당신의 아이디어를 빛나게 하는 최고의 조명이다.

05
낯선 곳에 던져져야
'영어 본능'이 깨어난다

시계를 더 거슬러 올라가, 이번엔 2008년으로 가보자. 당시 나는 군 복무를 마치고 복학해 연세대에서 경영학을 전공하고 있었다. 연세대는 의대와 경영대학으로 유명한 학교였고, 경영학과 전공 수업에는 항상 다양한 전공의 학생들이 함께 수강하곤 했다. 영문과, 행정학과, 공대 심지어 디자인과 학생들까지 절반은 타과생이었다. 덕분에 자연스럽게 배경이 각기 다른 선후배들과 어울릴 기회가 많았다.

그중에서 나에게 '유학 마인드셋'에 관해 중요한 깨달음을 준 후배가 있어서 소개하고자 한다. 특히 이 이야기는 보딩 스쿨 유학을 앞둔 청소년이나, 대학교 어학연수, 교환학생, 워킹홀리데이를 준비하는 독자에게 실질적인 조언이 될 것이다.

연세대 경영학과 수업은 조별 과제가 많은 것이 특징이다. 전략, 마케팅, 재무 등 수업마다 팀워크가 핵심이었고 한 학기 동안 팀원들과 함께 프로젝트를 완수해야 했다. 그 전략경영 수업에서 나는 후배 J를 처음 만났다. 처음엔 조모임 때문에 자리를 함께했지만 그녀의 이력은 단번에 시선을 끌었다. 이공계 메디컬 계열로 입학한 후 사회과학대로 전과하고, 다시 경영학을 복수전공 중이던 J는 그야말로 열정과 야망이 넘치는 인물이었다.

이 수업을 맡은 이호욱 교수는 연세대 내에서 가장 인기 있는 분 중 한 명이었다. 사례 중심의 실전적인 커리큘럼에 유머와 통찰이 곁들여져 수업 시간마다 학생들의 웃음이 끊이지 않았다. 20년이 지난 지금도 그 수업은 내 기억 속에서 빛나는 경험 중 하나로 남아 있다. 그렇게 한 학기가 지나고 우리 조원들은 좋은 성적을 받으며 각자의 길을 향해 나아갔다.

2008년, 나는 여전히 영어가 부족했다. 당시 연세대의 공식 교환학생 프로그램은 토익, 토플에서 만점에 가까운 점수를 요구했는데, 탄천에서 개구리 잡고 놀던 나의 영어 실력으로는 엄두조차 낼 수 없었다. 결국 나는 학교의 지원 없이 개인적으로 해외 경험을 해보는 길을 선택했다. 한 학기를 마친 후 부모님의 도움을 받아 미국에 거주하는 친척 집에서 지내며 셀프 교환학생을 떠나는 것이었다.

문제는 내가 선택한 환경이었다. 나를 맞이한 친척 가족은 한국어가 유창한 친척 동생 둘과 함께 한인 교민만 10만 명이 넘는 버지니아 지역에 살고 있었다.

이곳은 마치 '작은 한국' 같았다. 처음엔 안도감이 들었지만 곧 그것이 영어 노출이라는 측면에서 치명적인 약점이라는 사실을 깨달았다. '잠깐만, 나 영어 배우러 온 거 아니었나?' 몸은 태평양을 건너왔지만 내 언어 환경은 신촌 하숙방과 다를 게 없었다. 영어를 한마디도 쓰지 않아도 의식주 해결이 가능한 곳. 그 편안함이 내 영어 성장을 가로막는 '치명적인 독'이라는 걸 깨닫는 데는 그리 오랜 시간이 걸리지 않았다.

나는 왜 미국까지 가서 한국어만 했을까?

2008년 7월, 워싱턴 D.C. 덜레스 공항으로 향하던 그날이 지금도 생생하다. 유럽 배낭여행도 가본 적 없던 나에게 미국 동부까지 13시간 걸리는 이코노미 클래스 비행은 그야말로 지루하고 고된 여정이었다. 비행기에서 두 번이나 기내식을 먹는 동안 나는 미국에 가서 수많은 미국인 친구를 사귀고 영어 실력을 키우며 완전히 새로운 사람이 되어 돌아올 거라는 기대에 부풀어 있었다.

나를 마중 나온 건 사촌 동생들이었다. 그들은 나를 보자마자

"형!" 하고 외치며 완벽한 한국어로 수다를 떨기 시작했다. 차 안에서부터 다음 날 아침까지, 우리의 대화는 100퍼센트 한국어였다. 다음 날 그들이 나를 데려간 곳은 한인타운의 팥빙수 가게였고, 소개받은 사람들은 모두 한국인 유학생이었다. 학부모 독자라면 이미 이마를 짚었을 것이다.

'아, 돈 낭비 시작됐구나.'

9월 1일, 셀프 교환학생으로 등록한 버지니아의 주립학교 어학연수 프로그램에 첫 발을 들였다. 다양한 국가에서 온 학생들이 있었고, 특히 중국인, 중동인, 유럽계 학생들이 많았다. 한국인은 전체의 약 20퍼센트였다. 첫날 오리엔테이션에서 모든 학생이 한 줄로 서서 악수와 자기소개를 하는데 한국인 차례가 되면 어색한 영어 몇 마디 뒤에 곧장 "안녕하세요"라는 인사와 함께 웃음이 터졌다. 그렇게 수업 쉬는 시간에도, 점심에도, 저녁에도 한국인들끼리 어울리며 한인타운에서 고기를 구워 먹거나 정원이 있는 친구 집에서 갈비 파티를 하며 시간을 보냈다.

반년이 흐른 뒤, 내 영어 실력은 얼마나 늘었을까? 유학을 준비하는 학생이나 그 부모라면 이것이 얼마나 바보 같은 상황인지 공감할 것이다. 수천만 원의 학비와 생활비를 들여 미국까지 와 놓고, 정작 영어는 배우지 못하고 매일 한국인들과 어울리기만 했으니 말이다.

왜 그렇게 살까? 유학 생활은 생각보다 훨씬 더 외롭다. 부모님이 뼈빠지게 벌어 마련해주신 기회를 받았음에도 막상 현지에 도착하면 어느 순간 가족도 친구도 곁에 없는 낯선 환경에 홀로 서게 된다. 수업 시간에 영어를 배우는 일은 부모님에 대한 일종의 의무감으로 이겨낼 수 있다. 하지만 방과 후의 외로움은 또 다른 문제다. 그 외로움을 어떻게든 달래야 한다.

결국 고민하게 된다. 말도 잘 통하지 않는 외국인 친구들과 어색하게 시간을 보내며 외로움을 견딜 것인가, 아니면 마음이 잘 맞고 대화가 편한 한국인 친구들과 고향 음식을 먹으며 스트레스를 풀 것인가. 열 명 중 아홉은 후자를 선택한다. 이것은 게으름의 문제가 아니다. 인간의 '생존 본능'이다. 외로움이라는 괴물 앞에서 우리는 본능적으로 가장 익숙하고 편안한 곳으로 도망친다.

나 역시 그랬다. 익숙하고 그리운 된장찌개와 한국식 요거트 아이스크림이 생각날 때면 자연스럽게 한국인 친구들과 함께 한인타운으로 향했다. 바보 같아 보일 수도 있지만 그때로 다시 돌아간다 해도 아마 같은 선택을 했을 것이다. 그만큼 외로움은 강력하고 익숙함의 유혹은 크다. 결국 6개월 뒤, 늘어난 건 영어 실력이 아니라 뱃살과 한국어 입담뿐이었다. 나는 그렇게 처참한 성적표를 안고 귀국행 비행기에 올랐다.

"선배, 저는 미국 안 가요. 덴마크로 갑니다"

그러던 중 J와 연락이 닿았다. 경영학과 1학기 수업이 끝난 지 한참 지난 겨울, 당시 유행하던 한국판 페이스북 '싸이월드'를 통해서였다. 나는 유학 생활 몇 달 차에 접어든 상황이었고, 바보처럼 한국인들과 어울리며 영어는 늘지 않고 배만 나오는 현실을 솔직하게 털어놓았다. 그러자 그녀는 뜻밖의 이야기를 들려주었다. 몇 달 후, 아주 과감한 결정을 내렸다는 것이다.

"선배, 저 교환학생으로 덴마크 코펜하겐에 가요."

솔직히 말해 나는 적잖이 놀랐다. 그녀는 두 번의 전과를 거치면서도 전 과목 만점에 가까운 성적을 유지하던 장학생이었고, 영어 실력 역시 미국 명문대 입학이 가능한 수준이었다. 보통 이런 경우라면 서부의 버클리나 동부의 아이비리그 같은 세계적인 명문대를 선택하기 마련이다. 그래서 왜 굳이 덴마크를 택했는지 궁금했다.

그녀는 이렇게 말했다.

"여러 선후배들의 이야기를 듣다 보니, 제가 미국이나 영국으로 가면 결국 외로움을 피하려고 자연스럽게 한국인 친구들이나 한인 학생회에 기댈 것 같더라고요. 그러다 보면 정작 이번 기회를 통해 진짜 얻고자 했던 '영어에 대한 자신감'은 끝내 갖지 못할 것 같았어요. 그래서 생각했죠. 차라리 처음부터 한국인을 거의 만나기 힘든, 척박한 환경에 저 자신을 던져보자고요.

그렇게 알아보다가 덴마크를 찾게 됐어요. 덴마크는 국민 대부분이 영어를 잘하고, 대학 강의도 전부 영어로 진행되는데도 여러 국제 정세나 경제적 이유 때문에 도심이나 캠퍼스에서 한국인을 만나기는 거의 어렵다고 하더라고요. 그래서 코펜하겐으로 결정했어요. 새로운 언어를 제대로 배우려면 가장 낯설고 불편한 환경에 스스로를 두는 것이 가장 확실한 방법이라 생각했어요."

언어란 마치 근육과 같아서 극한의 환경 속에서 자주 반복적으로 쓰일 때 비로소 제대로 길러진다. 아무리 한국에서 영어 학원을 오래 다닌다 해도 하루 세끼를 포함한 모든 일상을 한국어로 소화하는 환경에서는 실력 향상에 한계가 있다. 돌이켜보면, 당시 스물두 살에 불과했던 그녀가 지금의 나보다도 훨씬 더 단단하고 명확한 마인드셋을 가지고 있었던 것 같다.

그녀의 결단은 내 커리어 전반에도 적지 않은 영향을 미쳤다. 컨설팅 회사에 입사한 뒤 첫 해외 프로젝트에 자원할 때 나는 일부러 뉴욕이나 런던 오피스가 아닌, 한국인이 한 명도 없는 시애틀과 텍사스 오피스를 선택했다. 낮에는 클라이언트와의 회의에서 알아듣는 척 고개를 끄덕이며 식은땀을 흘렸고, 밤에는 숙소로 돌아와 녹음기를 켰다. 안 들렸던 문장을 수백 번 돌려 들으며 밤새 복기했다. 해외 파견을 나갔을 땐 런던 중심부에서 일부러 떨어진, 한국인이 거의 살지 않는 베드타운에 거처를 잡기도 했다. 그렇게 나 자신을 '한국어가 들리지 않는' 낯선 환경 속으로 밀어 넣었다. 그 지독한 외로움과 불편함. 그것이야말로 남들보다 2배, 3배 빠르게 '진짜 영어'를 내 것으로 만든 가장 확실한 지름길이었다.

낯선 곳에 나를 던져라

이번 에피소드에서의 교훈을 실제로 실천해낸 또 다른 후배가 있다. 바로 보스턴컨설팅그룹BCG에서 함께 일했던 S 양이다. S는 국내 최고 대학의 명문 학과를 우수한 성적으로 졸업했고, 입사 이후에도 장래가 촉망되는 고성과자였다. 다만 그녀에게도 아쉬운 점이 하나 있었다. 바로 나처럼 '영어를 원래부터 잘하지 못했던' 부류, 즉 한국에서만 자라 영어에 늘 부담감을 갖고 있던 사람이었다.

처음 S와 영어로 미팅에 들어갔던 날이 기억난다. 그녀는 혹시나 영어를 더듬을까 봐 긴장한 나머지, 전날 밤을 새워 준비한 듯한 영어 질문지를 노트 한가득 작성해와서는 사수인 내 앞에서 한 문장 한 문장 외우다시피 발표를 이어갔다.

그런 그녀가 어느 날, 런던에서 근무 중이던 내게 말했다. "보경 선배, 지금 제 실적으로 갈 수 있는 곳이 영미권이랑 싱가포르, 그리고 제3세계 쪽인데요……."

나는 단정적인 조언을 할 입장은 아니었지만 과거 J에게서 배운 교훈을 차분히 전달했다. 만약 내가 S의 위치에 있다면 이 기회를 통해 조금 더 창의적인 방식으로 자신을 '영어를 쓸 수밖에 없는' 환경에 밀어 넣었을 것 같다고 말해주었다.

그리고 두 달 뒤 S는 놀라운 결정을 전해왔다. 그녀는 덴마크 인근의 스웨덴으로 해외 파견을 신청했고 치열한 경쟁 속에서 높은 점수로 당당히 합격했다. J와 마찬가지로 S 역시 일부러 한국인을 거의 만날 수 없는, 척박한 환경을 택한 것이다. 그렇게 두 사람은 극한의 언어 환경에 자신을 내던졌고 '영어를 쓰지 않으면 생존조차 어려운' 조건 속에서 실전 감각을 빠르게 끌어올릴 수 있었다.

그 결과, 지금의 S와 J는 서로 다른 국제 무대에서 유창한 영어 실력을 자랑하며 한국 로컬 출신의 실력을 글로벌 수준으로 끌어올린 대표적인 인재가 되었다. 지금도 그들이 참으로 자랑스럽다.

이번 에피소드는 유학을 앞두고 있는 학생이나 자녀의 해외 유학을 준비 중인 부모에게 분명한 시사점을 준다. 유학은 낭만이 아니다. 생각보다 훨씬 더 처절하고 외로운 싸움이다. 부모가 피땀 흘려 번 돈으로 보내준 유학이, 자녀에게는 '팔자 좋은 여행'이 되어서는 안 된다. 낯선 땅에 홀로 떨어졌을 때 찾아오는 지독한 고립감을 이겨내야 비로소 언어가 트인다.

이런 상황에서 유학생 주변에 모국어로 소통할 수 있는 환경이 많아질수록 유학은 오히려 시간과 비용을 낭비하는 결과로 이어질 수 있다. 외로움을 견디기 위해 자연스럽게 한인 커뮤니티에 기대게 되면 정작 가장 중요한 언어 습득과 자립적 성장의 기회를 잃게 된다.

만약 자녀가 보딩스쿨을 준비 중이라면 가능한 한 한국인 비율이 낮은 학교를 선택하는 것이 바람직하다. 단기 어학연수를 계획하고 있다면 뉴욕이나 LA처럼 한국인이 많은 도시보다는 덴마크, 스웨덴, 버몬트, 노스다코타처럼 한국인을 거의 접할 수 없는 지역이 더 효과적인 학습 환경이 된다. 워킹홀리데이 역시 한국인 동료가 거의 없는 외곽 지역을 선택하는 것이 언어 습득에 유리하다.

핵심은 단순하다. "영어를 안 쓰면 굶어 죽는 환경인가?" 이 질문에 "YES"라고 답할 수 있는 곳으로 가야 한다. 익숙함을 버리고 불편함을 선택하라. 그 낯선 고통의 시간만이 당신의 영어를 폭발적으로 성장시킬 유일한 촉매제다.

05   Secret Note

해외 나가기 준비: 한국말이 통하지 않는 곳으로 가라

해외 유학, 파견, 취업, 워킹홀리데이를 준비하고 있다면 이번 여정의 목적을 분명히 해야 한다. 만약 진짜 목표가 '영어를 단기간에 무기로 만드는 것'이라면, 가장 피해야 할 곳은 한국인이 많은 지역이다. LA, 뉴저지, 런던의 코리아타운은 편하긴 하지만 영어 실력을 키워주지 못한다. 반대로 코펜하겐, 스톡홀름 혹은 호주의 시골 농장처럼 한국어로는 생존이 불가능한 환경이 최고의 영어 학원이다.

영어를 쓰지 않으면 밥을 못 사먹고, 버스를 못 타는 곳. 그 척박함이 진짜 실력을 만들어준다. 자녀의 유학을 준비하는 부모라면 학교 명성보다 언어 환경을 먼저 확인하자. 그 지역에 한국인이 얼마나 많은지, 한인 타운이 얼마나 멀리 떨어져 있는지도 꼼꼼히 살펴야 한다.

편안한 환경보다 불편한 환경이 진짜 영어 근육을 단련시킨다.

Insight   해외 경험

• 영어를 못하면 굶어 죽을 것 같은 환경이, 결국 최고의 영어학원이다.

06
억울해서 미칠 때
영어가 터진다

2008년에 나는 버지니아주에서 어학연수를 하고 있었다. 당시 함께 지내던 친척 동생들이 한국어를 유창하게 한 덕분에 적응에는 큰 어려움이 없었다. 하지만 미국은 자가용 없이 이동이 쉽지 않았고, 자연스럽게 친척 동생이 타던 차를 빌려 운전을 시작했다. 문제는 국제운전면허증의 유효 기간이었다. 결국 정식으로 버지니아주 운전면허 시험을 보기로 했다.

한국에서는 비교적 손쉽게 운전면허를 딴 기억이 있었기에 방심했던 것 같다. 결과적으로 두 번 연속 낙방했다. 당시 시험은 두 섹션으로 나뉘어 있었고, 첫 번째 섹션은 컴퓨터 모니터를 통해 기본 문제 10개를 맞히는 방식이었다. 두 번째 섹션은 더 어려운 문제들이 이어졌다.

생각보다 낯선 단어들이 많았다. 도로 표지판 문제에서 연달아 오답을 선택했고 그로 인해 두 번의 기회를 날렸다. 더 큰 부담은 세 번째 시험이었다. 시험 제도상 세 번 연속으로 떨어지면 일정 기간 재응시가 불가능했기 때문에 마지막 기회는 꼭 붙어야 했다.

세 번째 시험을 앞두고, 어느 때보다 열심히 공부했다. 시험장으로 가는 길은 맑고 쾌청했다. 미국 버지니아는 숲이 많고 공기가 깨끗해서 비 오는 날에 세차를 할 수 있다고 농담할 정도로 환경이 좋다고들 말한다. 그날도 날씨가 선선했고 기분마저 들떠 있었다. 미국에서 운전면허를 취득해 몇 달 동안 자유롭게 이곳저곳을 여행하리라 다짐했다. 마지막 기회라는 부담 속에서 시험장으로 향하는 길은 긴장과 떨림으로 가득했다.

경찰서 건물에 위치한 무거운 시험장 문을 열고 들어섰다. 반복해 외운 문제들을 되뇌며 모니터 앞에 앉았다. 이번에는 반드시 붙겠다는 의지로 첫 문제를 풀기 시작했다. 그러나 세 번째 문제에서 이상한 일이 벌어졌다. 분명 정답인 A를 눌렀는데, 화면 속 체크박스는 엉뚱한 B에 찍혔다. 터치스크린 오류였다.

결과는 세 번째 탈락. 시험장 화면에 "당신은 운전면허 시험에 탈락했습니다"라는 문구가 떴다. 그 순간 머릿속이 하얘졌다. 국제운전면허증으로만 운전해야 한다는 불편함보다, 당분간 시험을 다시 볼 수 없다는 사실보다, 내가 원치 않는 선택지를 고르게 만든 기계 오류에 대한 억울함과 분노가 먼저 밀려왔다.

그 순간, 이성보다는 감정이 앞섰다. 기계 결함에 대한 불만과 억울함이 복합적으로 겹치며 얼굴이 붉어졌다. 나도 모르게 시험 감독관에게 다가가 항의했다. 미국 공공기관의 직원은 매우 단호하고 권위적일 것이라는 생각이 있었지만 이상하게도 그 순간에는 주저함이 없었다.

"Computer wrong! Device wrong! Human is right, computer can be wrong."

지금 돌아보면 말도 안 되는 표현이었다. 엉성한 문장, 어색한 문법, 한국어 어순 그대로의 영어였다. 사실 그 시기만 해도 터치스크린 기술이 지금처럼 정교하지 않았기에 이런 오류는 충분히 발생할 수 있는 일이기도 했다. 그러나 문제는 세 번 연속 시험에 떨어져 규정상 추가 응시가 불가능하다는 사실이었다. 감독관 입장에선 내가 실수를 인정하지 않고 억지를 부리는 동양인으로 보였을지도 모른다.

억울함이 강박관념을 이길 때 비로소 트이는 입

흥미로운 점은 그 상황에서, 지금껏 눌려 있던 '영어 말하기'에 대한 강박이 갑자기 사라졌다는 것이다. 머릿속에서 문법을 계산하지 않고도 말이 나왔다. 발음에 신경 쓰지 않고, 미국인처럼 말하려는 억지 시도도 하지 않았다. 그냥 속상하고 억울한 마음을 담아 자기 말로 표현했을 뿐이다.

비록 그것이 유려한 문장이 아니었고, 형편없는 콩글리시에 가까웠다 해도 나 자신에게는 뜻깊은 경험이었다. 나는 분명히 상대에게 내 생각을 전달했고, 상대 역시 그것을 이해했다.

감독관은 내 말을 끝까지 듣고 조용히 고개를 끄덕이며 말했다. "가끔 그런 경우가 있다. 네가 말한 내용은 충분히 이해했다. 내가 할 수 있는 일이 있는지 확인해보겠다."

이 말 한마디가 긴장된 내 마음을 다소 누그러뜨렸다. 그리고 이 에피소드를 통해 중요한 사실 하나를 깨달을 수 있었다. 완벽한 문장보다 중요한 것은 절박한 상황에서 내 뜻을 관철하려는 태도였다. 때로는 분노조차도 영어 학습의 강력한 동력이 된다. 이른바 나의 '앵그리 잉글리시Angry English'는 그렇게 탄생했다.

앵그리 잉글리시가 현지인에게 꽤 효과적으로 전달된다는 점에서 하나의 중요한 깨달음을 얻을 수 있었다. 우리처럼 '영어를 원래 못하던 사람들'일수록 외국에 나가면 스스로를 교양 있는 지성인처럼 보이고자 하며 최대한 정확한 문법과 발음으로 영어를 구사하고 싶어 한다. 문제는 그 욕심이다. 발음, 어순, 문법 등의 심리적 장벽 앞에서 단순한 의사소통조차 주저하게 되고, 결국 다시 '영어 못하는 사람'으로 돌아가버리는 악순환이 반복된다.

그러나 이번 앵그리 잉글리시 사건은 다행히도 현지 경찰서 직원의 배려로, 남아 있던 국제면허증을 적절히 활용할 수 있는 방법을 안내받고 마무리할 수 있었다. 억울함을 토로한 경험이 도리어 영어에 대한 강박을 깨뜨린 계기가 된 셈이다.

억울할수록, 입이 뻥 뚫린다

다음은 2017년 오스트리아의 할슈타트에서 겪은 또 하나의 앵그리 잉글리시 사례다. 당시 나는 영국에서 근무하고 있었고, 동료들의 추천으로 주말 동안 할슈타트로 여행을 떠났다. 지금은 이미 한국인 관광객들에게 잘 알려진 명소지만 당시만 해도 조용한 시골 마을의 분위기가 남아 있었다.

가족과 함께 잘츠부르크에서 차를 빌려 출발했다. 잘츠부르크는 모차르트의 고향이고, 할슈타트는 영화 「겨울왕국」의 배경이 된 동화 같은 도시였다. 비가 오락가락하고 햇살이 드리운 그날의 풍경은 마치 한 폭의 수채화 같았다. 마을에 도착해 가족들의 짐을 내려주고 입구에서 조금 떨어진 공영 주차장에 차를 세운 뒤 잠시 밖에 서서 공기를 들이마시고 있었다. 그때 뜻밖의 일이 벌어졌다.

"칭챙총 고홈!"

10대 중반으로 보이는 몇 명의 현지 중학생들이 내게 다가와

외쳤다. "칭챙총"은 중국에 많은 성Ching, Chang, Chong을 의미하며 아시아 사람들을 비하하는 대표적인 인종차별적 표현이었다. 하얀 피부, 금발 머리, 파란 눈을 가진 아이들이 순진한 표정으로 내뱉은 말에 순간 머릿속이 하얘졌다. 시골 아이들이라 못 배워서 그럴 수 있다고 이해하려 했지만 도가 지나쳤다. 나는 순간적으로 'K-아저씨'의 본능이 깨어났다.

"얌마! 헤이! 얌마! 니들! 컴온!"

입에서 구수한 말이 저절로 튀어나왔다. 평소였다면 그냥 지나쳤을 장면이었지만 이상하게도 그날따라 참을 수 없었다. 아이들은 도망치기보다는 순순히 다가왔다. 내 영어 실력은 여전히 부족했지만 나의 감정과 메시지를 분명히 전하고자 했다.

"얌마, 니들 임마, 아임 낫 차이니즈, 응? 오케이? 아임 코리안! 오케이? 그리고 임마, Your parents and families are making a lot of money thanks to tourists(너희 부모님과 가족들이 관광객 덕분에 많은 수입을 올리고 계시잖아). 응 알아들어? 오케이? Be nice to them(그들에게 친절하게 굴어). 오케이?"

나의 앵그리 잉글리시는 유창하다고는 할 수 없었지만, 의외로 효과적이었다. 문법도 어설프고 발음도 매끄럽지 않았지만 뜻은 분명하게 전달되었고, 시골 아이들은 연신 "쏘리, 쏘리"라고 말하며 앞으로는 그러지 않겠다고 약속했다. 나는 웃으며 아이들을 보내면서 상황을 마무리했다. 만약 그 상황에서 발음과 문법에 집착하며 표준 영어를 구사하려 했다면 아이들의 태도에 눌려 아무 말도 하지 못한 채 기분만 상했을지도 모른다.

이 경험을 통해 얻은 핵심은 우리가 모두 화를 내야 한다는 것이 아니다. 억울하거나 분노할 만한 상황에서 인간은 자연스럽게 감정을 표현하려는 본능이 앞서게 되고, 이때 평소에 막혀 있던 언어의 '심리적 장벽이 무너진다'는 점이다. 영어가 하나의 표현 수단, 즉 도구로 작동하기 시작하는 것이다. 이처럼 감정이 진실하게 끓어오를 때 영어는 더 이상 틀리지 않기 위해 배우는 대상이 아니라 나를 드러내기 위한 실용적인 수단이 된다.

결국 이 책이 말하고자 하는 영어 마인드는 대단한 국제회의나 글로벌 비즈니스 현장에서만 필요한 스킬이 아니다. 오히려 일상적인 경험 속에서 언어에 대한 감각을 되찾고, 자기 표현의 도구로써 영어를 대하는 태도가 핵심이다. 지하철에서 발을 밟혔을 때 "Ouch! Watch out!(아! 조심해요!)"이라고 소리칠 수 있는 배짱. 식당에서 주문이 잘못 나왔을 때 "Hey, this is wrong!(이거 틀렸어요!)"이라고 따질 수 있는 용기. 그 사소하지만 단단한 태도가 당신의 영어를 살아 있게 한다.

영어를 진열장에 모셔두는 '트로피'처럼 대하지 마라. 영어는 억울할 때 소리치고, 기쁠 때 환호하기 위해 움켜쥐어야 하는, 현실적인 '생존 무기'다.

말문이 막혔을 때: 잠시 멈추고 20초 생각 정리하기

영어로 말할 때는 서두르지 말자. 영어는 모국어가 아니기 때문에 생각의 속도가 느릴 수밖에 없다. 특히 회의가 점점 깊어지거나 긴장이 높아질수록 말문이 막히기 쉽다. 대화 중에 말이 막히거나 생각이 정리되지 않을 때는 이렇게 말해보자.

"Can I take a moment to organize my thoughts?"
(잠깐 생각 좀 정리해도 될까요?)

특히 일대일 미팅이나 소규모 미팅이라면, 상대는 충분히 기다려줄 것이다. 그 짧은 멈춤 덕분에 더 명확하고 정제된 메시지를 전달할 수 있다. 모국어로 아이디어를 정리한 뒤 영어로 옮기는 연습을 하면 의사소통의 질이 달라진다.

20초는 길게 느껴질 수 있지만, 1시간짜리 회의에서는 찰나에 불과하다. 오히려 잠시의 멈춤이 메시지를 더 강하게 만든다. 이 방법은 "Think before you speak"라는 기본 원칙에 완벽하게 부합한다.

Insight   분노

- 억울하고 화나는 상황에서 입이 트인다. 영어는 감정을 담을 때 가장 자연스럽게 흘러나온다.

친구

07
왜 원어민보다
중국인 친구의 영어가
더 잘 들릴까?

우리처럼 영어 회화가 아직은 서툰 사람들이 친구로 삼기에 가장 알맞은 국적은 어디일까?

열에 아홉은 당연하다는 듯 '미국'이나 '영국'을 떠올린다. 아이비리그를 나온 엘리트 원어민과 대화하면 내 영어도 덩달아 고급스러워질 거라는 환상 때문이다. 하지만 냉정하게 묻고 싶다. 아직 걸음마도 못 뗀 우리에게, 우사인 볼트 같은 러닝 파트너가 정말 필요할까?

이 에피소드는 그 견고한 고정관념을 뒤집는 이야기다. 나는 단언한다. 당신의 영어를 가장 빨리 트이게 할 최고의 파트너는 뉴요커가 아니라 영어를 '외국어'로 배운 아시아 친구들이다.

그녀의 영어는 완벽하지 않았지만 이상하게 잘 들렸다

2012년은 개인적으로 매우 의미 있는 해였다. 처음으로 영어권 국가가 아닌 나라에서 온 동료들과 함께 일할 기회였기 때문이다. 그중 한 명이 중국 출신의 S였다.

그해 겨울은 유난히 추웠다. 롱코트 위에 패딩을 껴입고도 추위를 피하기 어려울 만큼, 기온은 영하 15도까지 떨어졌다. 나는 당시 서울 명동의 한 면세점에서 진행 중인 컨설팅 프로젝트 때문에 매일 현장으로 출근하고 있었다.

이 프로젝트는 드물게 외국인 동료들이 함께한 경우였다. 면세점의 운영 전략을 고민하는 과제였기에 한국 브랜드에 대한 선호도가 높은 중국과 태국에서 각각 한 명씩 동료가 파견되었다. 중국인 동료 S는 특히 인상 깊었다. 중국 후난성에서 상위 10등 안에 들어 국비로 유학을 다녀온 인재였고 뉴욕의 명문대에서 공부한 경험도 있었다.

S와의 첫 회의는 아직도 생생하게 기억난다. 줌Zoom 같은 화상회의 인프라가 없던 시절, 크고 무거운 컨퍼런스콜 기계를 낑낑대며 들고 다녀야 했다. 회의실이 모두 예약되어 할 수 없이 지하 창고 옆 작은 컨테이너 회의실에 모였다. 너무 추워 입에서는 하얀 입김이 나왔다. 30분간의 짧은 회의에서 우리는 서로 소개하고 프로젝트 배경과 향후 10주간의 계획을 공유했다. 그리고 S

에게도 어떤 경험을 갖고 있고 어떤 기여를 할 수 있는지 물었다.

긴장되는 순간이었다. 그런데 회의가 시작되자 기이한 일이 벌어졌다. 그녀의 영어가 내 귀에 '때려 박히기' 시작했다. 마치 자막이 깔리는 것처럼 문장 하나하나가 선명하게 들렸다. 발음은 또렷했고 속도는 빠르지도 느리지도 않게 적당했다. 무엇보다 내가 못 알아들을까 봐 단어를 신중하게 고르는 그녀의 배려가 느껴졌다.

그녀는 완벽한 원어민 영어를 구사하지 않았다. 하지만 그 어떤 미국인 엘리트와의 대화보다 훨씬 편안하고 명쾌했다. 나는 그 차가운 컨테이너 박스 안에서 묘한 충격에 빠졌다. 도대체 비결이 뭘까?

시간이 한참 흐른 뒤에야 나는 그 이유를 깨달았다. 그녀도 한때 영어를 외국어로 배웠던 사람이었기 때문이다. 우리처럼 영어 앞에서 긴장하고 실수도 해봤기에 듣는 사람의 입장을 고려하며 말할 줄 알았다. 반면 원어민들은 그런 '청자의 언어적 고통'을 잘 모른다. 말이 빠르고 뉘앙스가 복잡하다.

S와의 회의가 그토록 편안했던 이유. 그것은 그녀의 영어 실력이 부족해서가 아니었다. 그녀에게는 원어민에게 없는 '언어적 공감력'이 있었기 때문이다. 정답을 강요하는 영어가 아니라 소통을 위해 눈높이를 맞추는 영어. 그것이 진짜 글로벌 비즈니스의 핵심이었다.

"왜 너랑 영어로 얘기하면 편할까?"

6주 동안 전화로만 프로젝트를 진행하던 우리는, 마침내 현지 답사를 위해 홍콩 센트럴Central 역에서 처음 만났다. 2012년의 홍콩은 아시아 최고의 쇼핑 천국이었지만 동시에 여행자에겐 꽤나 불친절한 도시였다. 지금도 변함없는 사실 하나는 홍콩의 빨간 택시들은 여전히 디지털 결제를 거부하고 오직 '현금'만 고집하며 기사님들의 서비스 마인드는 세계 최저 수준이라는 점이다.

우리는 그 악명 높은, 낡고 불친절한 택시를 수십 번 갈아타며 홍콩의 습한 더위와 싸웠다. 아침 8시부터 저녁 6시까지 관광객과 매장 직원을 인터뷰하며 쉴 새 없이 10시간을 달렸다. 몸은 녹초가 되었지만 기분은 묘하게 상쾌했다.

답사를 마친 뒤 우리는 S가 추천한 광둥식 레스토랑에서 저녁을 먹었다. 뜨거운 팔보완자와 시원한 중국 맥주를 곁들인 저녁 식사였다. 비로소 하루를 정리하며 우리는 미처 나누지 못한 이야기들을 나누었다. 그녀는 자신의 고향 후난성이 사천성 못지않게 매운 음식을 자랑한다며 웃었고, 어린 시절 얼마나 공부를 잘했는지에 대한 자랑도 곁들였다. 나아가 홍콩과 중국의 정치·사회 변화에 대해서도 폭넓은 견해를 들려주었다.

맥주잔을 비우던 중, 문득 이상한 점을 깨달았다. '어? 나 지금 영어를 왜 이렇게 편하게 하고 있지?'

솔직히 말해, 당시 나는 여전히 영어에 자신이 없는 상태였다. 그런데 그날 종일 S와 떠들면서는 단 한 번도 '막힌다'거나 '쫄린다'는 느낌을 받지 못했다. 그녀는 분명 뉴욕 유학파 엘리트인데도 말이다. 궁금증을 참지 못한 나는 돌직구 질문을 던졌다.

"S, 궁금한 게 있어. 너는 미국 명문대를 나왔고 나보다 영어를 훨씬 잘하잖아. 그런데 왜 너랑 얘기할 땐 내가 영어를 못한다는 생각이 안 들까? 왜 이렇게 편하지?"

내 질문에 S는 젓가락을 내려놓고 빙긋 웃으며 답했다. "내가 원어민처럼 말하더라도 너한테 편하게 느껴지는 데는 두 가지 이유가 있을 거야. 첫째는 내가 사용하는 영어 단어의 범위, 둘째는 같은 외국인으로서 너를 대하는 태도 때문이지."

그녀는 이어서 재미있는 수치를 들려주었다.

"영어권에서 태어난 사람들, 그러니까 영어를 모국어로 쓰는 사람들은 평균적으로 2~4만 개의 단어를 알고 있고, 그중 많은 단어를 실제 생활에서 사용해. 그런데 우리처럼 외국에서 영어를 배우고 사용하는 사람들은 얼마나 많은 단어를 쓸까?"

나는 대충 짐작해 대답했다.

"글쎄…… 한 1만 개쯤?"

그녀는 웃음을 터뜨리며 말했다.

"아니야. 실제로는 그보다 훨씬 적어. 학교에서 배운 바로는 비영어권 외국인들이 일상생활이나 업무에서 사용하는 단어 수는 대부분 2천에서 많아야 1만 개야. 그래서 외국인 친구들끼리 대화할 땐 서로 사용하는 단어의 범위가 비슷해서 편한 거야. 그런데 원어민들은 우리가 굳이 몰라도 되는 단어까지 자연스럽게 쓰니까 그 말들을 따라잡으려 애쓰는 우리 입장에선 당연히 대화가 힘들 수밖에 없지."

영어를 배우는 데 가장 좋은 친구

나는 고개를 끄덕이며 큰 깨달음을 얻었다. 하지만 그녀가 말한 두 번째 이유, '태도의 차이'에 대한 설명이 궁금했다.

"그런데 태도의 차이라는 건 무슨 뜻이야?"

그러자 그녀는 기다렸다는 듯 설명을 이어갔다.

"네가 영어를 조금이라도 구사하는 순간, 원어민들은 널 '말이 통하는 사람'이라고 생각하게 돼. 그러면 대부분의 미국인이나 영국인은 너를 자기 친구 대하듯 편하게 말하지. 그런데 그게 문제야. 그 사람들은 들어본 적도 없는 단어를 툭툭 꺼내고, 엄청 빠르게 말하니까 네 입장에선 따라가기가 너무 힘들지.

반면 우리처럼 영어를 외국어로 배우는 사람들은 상황이 달라. 우리는 영어로 말하는 게 얼마나 힘든지 알기 때문에 상대가 좀 서툴면 일부러 단어를 쉽게 고르고, 속도도 천천히 하려고 노력해. 못 알아들으면 다시 말해주기도 하고. 그래서 지금 너처럼 아직 영어에 완전히 익숙하지 않은 단계라면 아이러니하게도 미국인이나 영국인보다 오히려 나 같은 중국인, 일본인 친구랑 영어로 대화하는 게 훨씬 빨라. 그렇게 실력을 쌓은 다음에 원어민 친구들을 사귀는 게 더 자연스러워. 나는 그게 훨씬 효과적인 방법이라고 생각해."

영어를 배우는 여정은 태권도나 바둑 혹은 온라인 게임과 묘하게 닮았다. 처음 배우는 단계에서는 고수와 겨루기보다 같은 하얀 띠, 노란 띠 수준의 친구들과 뒹굴며 실력을 키우는 것이 효과적이다. 마찬가지로 영어를 처음 배우면서 원어민 친구들을 사귀고자 한다면 열에 아홉은 좌절하거나 스스로 위축되기 쉽다. 원어민은 2~3만 단어를 일상에서 구사하고 그들의 어휘는 우리가 접하지 못한 단어들로 가득하다. 대화가 잘 통하지 않으면 원어민은 답답함을 느끼고 우리는 그런 상황에 당황하게 된다.

반면 영어를 제2언어로 사용하는 친구들과의 대화에서는 서로 단어 수의 한계가 비슷하기 때문에 언어 장벽이 오히려 낮다. 익숙하지 않은 회화가 이어지더라도 서로 이해하려는 태도가 있기에 부담 없이 말을 이어갈 수 있다.

회화 학원에서 한국인끼리 영어로 이야기하다가 쑥스러움에 금세 한국어로 전환했던 경험이 있을 것이다. 하지만 외국인 친구들과는 상황이 다르다. 서로 한국어를 몰라 어쩔 수 없이 영어로 소통해야 하므로 실제로 영어를 쓸 수밖에 없는 환경이 조성

1부   영어 리부트: 영어를 쓰기 전에 먼저 버려야 할 것들

된다. 그것이 바로 영어 실력을 키우는 핵심이다.

영어는 사회적 지위가 아니라 연결의 도구다

이제부터 할 수 있는 실천 방법을 몇 가지 소개한다. 서울에 거주 중이라면 근처 대학의 교환학생 프로그램을 통해 중국, 일본, 동남아시아 혹은 북유럽 출신 학생들을 만날 수 있다. 이들과 홈쉐어링이나 언어 교환을 시작하면 일상에서 자연스럽게 영어에 노출된다. 자녀가 있는 독자라면 홈스테이 등을 통해 아이들과 함께 영어 환경을 조성할 수도 있다.

20대 대학생이라면 교내 국제교류센터나 외국인 학생지원센터를 방문해 언어 교환 프로그램을 신청해보자. 30대 이상 직장인이라면 외국계 회사의 주재원이나 단기 근무 중인 외국인들과 주말마다 교류 모임을 만들어도 좋다. 단 일대일 만남보다는 안전하고 검증된 '그룹 모임'이나 '커뮤니티'를 추천한다(특히 안전이 우려되는 독자분들은 신원 확인이 최우선이다. 신원 확인이 확실한 플랫폼을 이용하자). 여유 방이 있다면 외국인 유학생에게 내어주는 것도 방법이다(홈쉐어링). 밥 먹을 때마다 자연스럽게 영어가 튀어나오는 환경이 조성된다.

영어는 결코 사회적 지위를 과시하는 수단이 아니다. 한국어를 할 수 없는 친구들과 마음을 나누기 위한 '도구'일 뿐이다. 부족한 실력이라도 괜찮다. "투데이 코리안 바비큐 앤 비어 오케이?" 정도의 문장에서 시작해도 전혀 문제없다. 그 한마디가 내 일상을 바꾸고 누군가와의 인연을 만들며 영어라는 세계에 첫발을 내딛는 출발점이 된다.

결국 실천이 가장 중요하다. "언젠가 영어를 잘해보고 싶다" 고 말만 하다가 아무것도 시작하지 못한 채 세월을 보낸 친구들보다는 지금 당장 영어 한마디라도 외국인 친구에게 건네보는 사람이 훨씬 즐겁고 빠르게 성장할 수 있다.

07   Secret Note

나와 비슷한 수준의 비영어권 친구부터 구하기

영어를 제대로 배우겠다며 처음부터 미국인이나 영국인 친구를 찾는 건 마치 복싱을 배우자마자 UFC 챔피언과 스파링을 하겠다는 것과 같다. 시작부터 너무 높은 기준을 세우면 대화는커녕 자신감만 잃는다.

가장 효과적인 영어 말문 트이기 전략은 비슷한 수준의 비영어권 친구를 사귀는 것이다. 같은 처지에서 영어를 배우는 친구들은 실수에 관대하고, 함께 틀리고 웃으며 성장할 수 있다. 영어를 '잘하는 사람'보다 '함께 연습할 사람'을 먼저 찾아야 한다.

한국에 있다면, 언어 교환 카페나 대학교 한국어학당의 외국인 학생 매칭 프로그램을 활용해보자. 직접 만나든 온라인으로 연결하든 '한국어를 배우고 싶은 외국인'은 언제나 대화에 열려 있다. 해외에 있다면 K-팝, K-드라마 등 한류 커뮤니티를 찾아보자. 공통 관심사를 중심으로 대화하면 부담 없이 말을 꺼낼 수 있다. 이들은 우리의 어색한 문장이나 엉성한 발음에 너그럽고, 무엇보다 마음을 먼저 여는 친구들이다. 입이 열리기 전, 마음이 먼저 열려야 언어도 따라 열린다.

Insight   친구

- 태권도를 처음 배우는 날, 올림픽 금메달리스트와 겨룰 필요는 없다.
- 영어도 마찬가지다. 원어민보다는 비슷한 수준의 비영어권 친구와의 대화가 훨씬 효과적인 훈련이다.

믿음

08
절박함이 부르는
실력 향상

2013년, 나는 외국계 경영컨설팅 회사 A.T. 커니Kearney에서 커리어를 시작한 지 얼마 되지 않은 신입 컨설턴트였다. 어느 날, 오랫동안 함께 일했던 J 선배로부터 갑작스러운 전화를 받았다.

"보경, 다음 주에 미국으로 한두 달 정도 출장 갈 수 있어요?"

그 순간 내 머릿속은 복잡해졌다. 나는 당시 영어에 큰 자신이 없었고, 솔직히 말해 유창하다고 하기엔 많이 부족했다. 하지만 항상 해외 프로젝트에 대한 갈망은 있었다. 나는 늘 '야생'을 갈망해왔다. 맨몸으로 부딪혀 영어를 뚫어버리겠다고 다짐했던 시절이었다.

갑작스러운 전화, 인생이 바뀐 순간

회사에는 나보다 훨씬 영어를 잘하는 교포 출신이나 유학생 동료들이 많았다. 그러나 갑작스러운 일정과 파견 여건 때문에 J 선배는 결국 내게 전화를 걸었던 것이다. 나에게 우연히 찾아온 좋은 기회였다.

나는 그 사정을 알고 있었지만 도전을 택했다. 이 프로젝트는 미국 유명 이동통신사의 4G LTE 구축과 관련된 일이었고, 나는 이전에 한국에서 유사한 프로젝트를 약 1년 동안 수행한 경험이 있었다. 영어 실력은 부족했지만 업무 내용만큼은 자신이 있었기에 도전해볼 만하다고 판단했다. 무모해 보일 수도 있지만 나는 주저하지 않고 지원 의사를 밝혔다.

"저 진짜 잘할 수 있습니다. 꼭 가고 싶습니다. 보내주십시오."

회사에서는 곧바로 시애틀행 비행기 티켓을 끊어주었다. 나는 미국 대사관에서 출장 비자를 발급받고, 옷과 노트북, 관련 자료를 챙기기 시작했다. 떠나기 전 주말, 이전에 국내 통신사 프로젝트를 함께했던 Y 선배에게 연락했다. 당시 Y는 병원에 입원 중이었지만 나는 병문안을 핑계 삼아 책과 음료를 들고 병실을 찾아가 이동통신 기술과 관련된 그의 인사이트를 듣고 메모했다. 한마디로 무모한 도전이었지만 실력보다는 절박함과 준비가 나를 조금 더 단단하게 만들었다.

시애틀의 잠 못 이루는 밤

2월의 추운 날씨를 뒤로하고 처음 가보는 미국 시애틀로 향했다. 시애틀은 미국 도시 중에서도 유럽의 정취가 느껴지는 독특한 분위기였다. 도심 곳곳에 트램이 다니고 영국 런던처럼 흐리고 비 오는 날이 많아 도시 자체가 우중충했다. 1년 중 3분의 1 가까이 비가 내린다는 이곳에서는 날씨가 맑은 날이면 직원들이 잔디밭에 나가 회의를 하거나 커피를 마시며 잠시 여유를 즐기기도 했다.

하지만 나에게 낭만은 사치였다. 왜냐고? 영어가 안 되니까.

시애틀에 도착하자마자 프로젝트룸으로 향했다. 현지 시간으로는 오전이었지만 한국 시간으로는 늦은 밤이었다. 시차 적응이 되지 않은 상태에서 미국 프로젝트 담당자는 나에게 말했다.

"헤이, 보경. 오늘은 얼른 호텔에 들어가서 짐 풀어. 간단히 읽을거리들을 이메일로 보낼 테니 숙소에서 쉬면서 읽어봐. 내일은 맑은 정신으로 프로젝트를 잘 시작해보자. 네가 한국에서 온 이동통신 전문가라는 이야기를 들었어. 기대가 커."

그 순간, 마음속 부담감이 10배는 커졌다. 한국은 세계적으로 손꼽히는 통신 강국이다. 광대역 인터넷과 차세대 통신망 기술을 선도했기에 미국이나 유럽조차 한국을 벤치마킹 대상으로 여겼다. 실제로 나도 관련 프로젝트 경험이 있었기에 현지 팀은 나를 일종의 해결사처럼 여겼을 것이다.

하지만 문제는 따로 있었다. 미국 현지에서 미국인들과 본격적으로 프로젝트를 진행하는 건 처음이었고, 그들이 말하는 내용을 절반도 제대로 알아들을 수 없었다. 중국인 친구 S가 했던 말이 떠올랐다. "미국인들은 외국인에게도 원어민처럼 대화하며 속도나 단어 선택을 맞춰주지 않는다."

실제로 그랬다. 명문대 출신 S와의 대화는 양반이었다. 미국인 팀원 10여 명이 쏟아내는 속사포 토론은 차원이 다른 '언어 폭격'이었다.

순간 '내 영어 실력이 들통나서 쫓겨나면 어쩌지' 하는 두려움이 엄습했다. 그때 병상에 있던 Y 선배가 해줬던 말이 떠올랐다.

"걱정하지 마. 어딜 가든 우리가 더 똑똑하고 성실하다는 걸 잊지 마."

그래서 우선 그의 조언을 따르기로 했다. 쿨하게 "알겠습니다"라고 말하고는 호텔로 돌아가 짐을 푸는 척했다. 그러나 실제로는 회의 녹음 파일을 돌려가며 잘 안 들렸던 부분을 복기했고, 전달받은 문서들을 밤늦게까지 하나하나 번역하며 파악했다(한국 사람들은 이런 상황에서 보통 이렇게 한다). 이해되지 않는 부분은 한국 시간에 맞춰 밤늦게 Y 선배에게 국제전화를 걸어 물어보았다. 그렇게 D-1, 새벽 1시까지 만반의 준비를 끝낸 뒤에야 겨우 잠들 수 있었다.

시애틀의 아침, 허세도 실력이다

프로젝트 첫날 아침, 한국에서 챙겨온 정장에 검은색 코트를 걸치고 프로젝트룸이 있는 빌딩으로 향했다. 들어가기 전, 1층에 있는 시애틀 스타벅스에 들렀다. 스타벅스 1호점이 시애틀에 있다는 점도 나름 의식하면서 마치 현지 직장인이라도 된 양 커피와 잉글리시 브렉퍼스트 샌드위치를 주문했다.

이날 먹은 아침은 내 인생에서 가장 기억에 남는 메뉴 중 하나였다. 여유를 부리는 척하며 샌드위치와 커피를 들고 프로젝트룸에 들어섰다. 전날 밤새 녹음 파일을 돌려 듣고, 한국에 전화까지 해가며 준비했던 사실은 숨긴 채 아무 일 없는 듯 프로젝트 1일 차를 시작했다.

미국인 팀원들은 의외로 나의 그런 태도를 높이 평가했다. 그날 이후 두 달간, 나는 보스와 함께 시카고, 텍사스 등 미국 전역을 돌며 현장 실사를 다녔다. 나의 하루는 완벽한 '이중생활'이었다.

- Day Time(09:00~18:00): 고개를 끄덕이며 회의를 주도하고 핵심 질문을 던지는 '유능한 전문가' 모드.
- Night Time(18:30~23:00): 호텔 방에 처박혀 녹음기를 켜고 안 들리는 문장을 수백 번 돌려 듣는 '고시생' 모드.

이해되지 않는 기술적 디테일은 한국의 Y 선배에게 전화해 구걸하다시피 배웠다. 그렇게 밤새 채워 넣은 지식으로, 다음 날 아침이면 다시 '깔끔한 정장'을 입고 나타나 브리핑을 했다. 수면 부족으로 코피가 날 지경이었지만 나는 백조처럼 수면 아래서 미친 듯이 물장구를 쳤다.

영어 실력은 여전히 미국인 팀원들에 한참 못 미쳤지만 일에 대한 집요함과 성실함, 그리고 어떻게든 해내려는 태도 덕분에 충분한 인정을 받을 수 있었다. 프로젝트는 무사히, 그리고 성공적으로 끝났다.

영어는 거들 뿐, 일은 '사람'이 한다

이 에피소드를 통해 내가 전하고 싶은 메시지는 하나다. "영어 때문에 쫄지 마라." 영어는 지구상 수십억 명이 쓰는 흔하디흔한 '도구'일 뿐이다. 하지만 당신이 가진 성실함, 문제를 해결하려는 치열한 고민 그리고 그 끝에 나오는 아이디어는 누구도 쉽게 대체할 수 없는 '고유한 콘텐츠'다.

국제 무대에서 인정받기 위해 필요한 건 '옥스퍼드 사전'을 통째로 외우는 암기력이 아니다. 서툰 영어라도 내 생각과 관점을 끝까지 밀어붙일 수 있는 '배짱'이다. "내 영어가 좀 짧아서 그러는데 다시 말해줄래?"라고 당당하게 묻는 태도, 그리고 밤을 새워서라도 그 답을 찾아오는 집요함. 그것이 진짜 실력이다.

이 경험은 단순히 이렇게 해서 영어를 잘하게 되었다는 이야기가 아니다. 영어를 둘러싼 불안과 부담, 그리고 실전에 들어갔을 때의 대응 방식에 대한 실질적인 조언이다.

언젠가 무모한 도전을 꿈꾸고 있는 이들이 있다면 이렇게 말해주고 싶다. 그 도전을 해내는 데 필요한 건 '대단한 능력'이 아니다. 지금 가진 성실함과 고민, 그리고 어떻게든 해보겠다는 마음이면 충분하다. 지금 영어에 자신이 없더라도 업무에 있어서는 얼마든지 다른 강점으로 보완할 수 있다.

이 에피소드가 독자들에게 작은 용기가 되기를 바란다. 영어를 넘어서 더 넓은 세상으로 나아가는 데 필요한 첫걸음은 바로 그 마음가짐에서 시작된다.

1부 영어 리부트: 영어를 쓰기 전에 먼저 버려야 할 것들

08   Secret Note

들리지 않을 때, 일이 되게 만드는 '생존 비기' 세 가지
—실전에서 부족한 영어 실력을 '성실함'으로 메우는 법

세상의 많은 영어책들은 틀렸다. 냉정하게 말해 단기간에 영어 귀를 뚫는 비법 따위는 없다. 하지만 비즈니스 현장에서 '귀가 뚫린 척'하면서 일을 완벽하게 처리하는 비법은 분명 있다. 실력이 부족하다면 '시간'을 내 편으로 만들어라. 다음은 내가 '시애틀의 잠 못 이루는 밤'을 보내며 터득한 실전 생존 기술이다.

1. '즉답'을 피하고 '시간'을 벌어라

회의 중에 상대방의 말을 100퍼센트 이해하지 못했다고 하더라도 당황해서 "Pardon?"을 연발하지 마라. 그 대신 프로페셔널한 표정으로 이렇게 말하며 '정확한 팩트를 확인할 시간'을 확보해라.

"That's a great point. Let me double-check the data regarding that issue and get back to you by the email, after this meeting."
(좋은 지적이네요. 그 이슈 관련해서는 제가 회의 끝나자마자 데이터를 더블 체크해서 이메일로 다시 정리해드릴게요.)

이 멘트는 당신을 '영어를 못 알아들은 사람'이 아니라 '신중하고 꼼꼼하게 일 처리하는 사람'으로 보이게 만든다. 회의가 끝난 뒤, 녹음 파일을 다시 듣거나 주변의 도움을 받아 정확한 내용을 파악해서 메일을 보내면 된다.

2. 녹음기는 당신의 '제2의 귀'다

영어 초보자가 낯선 주제와 억양이 난무하는 회의 내용을 한 번에 알아 듣는 건 불가능에 가깝다. 자존심을 내려놓고 스마트폰 녹음 기능을 켜라. 회의 시간에는 전체적인 흐름과 뉘앙스, 상대방의 표정을 읽는 데 집중하고, 디테일은 숙소에 돌아와서 녹음 파일을 수십 번 돌려 들으며 채워 넣어야 한다. 남들이 1시간 일할 때 3시간 일할 각오가 되어 있다면 언어 장벽은 충분히 넘을 수 있다. 이것이 바로 '독기'다.

- Tip: 클로바노트Clova Note나 오터Otter 같은 AI 음성 기록 앱을 활용하면 훨씬 수월하다.

3. 들리지 않는다면, 읽어서라도 장악하라

아는 만큼 들린다. 회의 주제가 ' 5G 기술'이라면, 관련 영문 기사나 기술 문서를 회의 전에 미리 읽고 들어가라. 핵심 용어Key Terminology를 미리 눈에 익혀두면 회의 중에 그 단어가 들릴 때 문맥 전체가 퍼즐처럼 맞춰지는 경험을 하게 된다. 상대가 무슨 말을 할지 시나리오를 미리 써보고 예상 답변을 준비해라.

Insight　　**믿음**

- 영어는 '생방송'이지만, 비즈니스는 '녹화방송'이 가능하다. 현장에서 즉시 반응하지 못해도 괜찮다. 밤을 새워서라도 정확한 답을 찾아내는 집요함Grit, 그것이 유창한 발음보다 100배 더 강력한 무기다.

09

프레젠테이션의 공포를 없애는 단 한 가지 질문

"다시Again!"

벌써 여덟 번째 퇴짜였다. 발표가 끝날 때마다 돌아오는 피드백은 차가웠다.

"아직 준비가 안 됐네요. 다시 해오세요."

그때 내 나이 서른아홉. 넷플릭스라는 핫한 직장을 뒤로하고, 홍콩에 있는 월스트리트계 투자은행으로 이직한 직후였다. 금융권 경력도 전무하고 영어도 완벽하지 않은 내가 아시아 지역 본부에서 살아남으려면 통과해야 할 관문이 있었다.

아이돌처럼 데뷔하는 월스트리트 리서처

보통의 대형 투자은행들은 명문대 경제학과를 갓 졸업한 20대들을 뽑아 키운다. 하지만 내가 속한 조직은 달랐다. 금융 지식보다는 넷플릭스나 구글 같은 '실제 산업 현장'에서 잔뼈가 굵은 '비전통적 인재'를 발탁했다. 그리고 1년간 혹독한 트레이닝을 시킨 뒤 정식 연구원으로 데뷔시키는 시스템이었다.

이 과정은 'K-팝 아이돌 육성 시스템'과 소름 끼칠 정도로 닮았다.

- 타이틀곡Title Track: 내가 8개월간 박사 논문 쓰듯 갈아 만든 '산업 리서치 보고서'.
- 아티스트Artist: 그 보고서를 들고 무대 위에서 춤추고 노래해야 하는 '나(연구원)'.
- 메인 프로듀서Main Producer: 내 무대를 평가하고 데뷔 여부를 결정하는 '리서치 센터장Head'.

프로듀서의 'OK' 사인이 떨어지기 전까지, 연습생은 절대 무대에 설 수 없다. 기준은 잔인할 정도로 높다. 이 관문을 통과해 데뷔하는 순간 전 세계의 날고 기는 펀드매니저들과 블룸버그, CNBC 같은 글로벌 미디어의 카메라가 기다리고 있기 때문이다.

8개월의 준비, 그러나 무너진 자신감

업무 자체는 익숙했다. 수많은 전문가를 인터뷰하고 데이터를 씹어 먹은 뒤 3~5년 뒤의 산업 트렌드를 예측해 "이 주식을 사라"고 외치는 일. 컨설팅 회사나 넷플릭스에서 늘 해오던 일이었다. 콘텐츠는 자신 있었다. 8개월간 영혼을 갈아 넣어 완벽한 논리를 만들었으니까. '이 정도면 충분하다'고 생각하며 리허설 무대에 올랐다.

하지만 문제는 역시 '영어'였다. 이전 회사들에서도 영어 프레젠테이션은 밥 먹듯이 했다. 그때는 슬라이드를 슬쩍 컨닝하며 적당히 임기응변으로 넘겨도 통했다. 내용만 좋으면 발음이나 톤 따위는 아무도 신경 쓰지 않았다.

하지만 이곳의 리허설은 차원이 달랐다. 그건 단순한 정보 전달이 아니라 청중을 홀리는 '공연Performance'이어야 했다.

- 타이밍: 슬라이드가 넘어가는 5초 정도의 오차조차도 허용되지 않았다.
- 톤 앤 매너: 목소리의 높낮이, 강조할 단어의 강세, 쉬어가는 호흡까지 완벽하게 계산되어야 했다.
- 장악력: 자료를 훔쳐보는 건 상상도 할 수 없었다. 청중을 압도하는 눈빛과 제스처가 필수였다.

마치 아이돌이 격한 안무를 소화해내면서도 음정이 흔들리지 않아야 하는 것처럼, 나는 완벽한 영어로 내 인사이트를 증명해야 했다. '대충 뜻만 통하면 되는 영어'는 이곳에서 어림도 없었다. 그것이 나의 끝없는 '리허설 지옥'의 시작이었다.

잠결에도 말할 수 있게

"다시!"
"다시!"
"다시!"

어느 정도 준비가 되었다고 판단하고 리허설을 요청했지만 상사는 매번 "다시 준비하라"는 말만 반복했다. 처음에는 낙심했지만 시간이 지날수록 이유를 이해하게 되었다. 이 회사는 기준에 도달하지 못한 상태에서는 결코 외부 무대에 내보내지 않았다. '적당히'는 통하지 않았다.

나는 이 혹독한 문화야말로 이 회사의 가장 큰 자산이라 생각한다. 모든 것을 최상의 상태로 끌어올린 뒤에야 비로소 외부와 마주할 수 있다는 철학. 그 기준은 매우 엄격했고 과거 학교나 이전 회사에서의 프레젠테이션처럼 큰 틀만 기억해둔 채 임기응변으로 대응하는 방식으로는 절대 통과할 수 없었다.

아마도 나는 이 회사 역사상 리허설에서 가장 많이 떨어진 사람 중 하나일 것이다. 이런 내가 안쓰러워 보였는지 함께 일하던 중국인 선배 H가 조용히 조언했다.

"보경, 지금 네가 준비하는 발표는 그냥 자료 띄워놓고 두세 번 연습해서 되는 게 아니야. 너 데뷔하고 나면, 전 세계 수백 명의 펀드매니저들이 사방에서 질문을 쏟아낼 거야. 그때마다 임기응변으로 얼버무리는 게 아니라 네가 준비한 분석, 수치, 전망까지 다 몸에 밸 정도로 완벽히 자기 것으로 만들어야 해. 누가 툭 찔러도 줄줄 나올 만큼, 자다가도 대답할 수 있을 정도가 되어야 해. 다시 생각해보고, 더 철저히 준비해."

그 말을 들으며 나는 처음으로 깨달았다. 이 무대는 단순한 발표 자리가 아니라 실력을 넘어 '내 것으로 체화된 콘텐츠'를 증명하는 자리라는 것을.

그날 이후 나는 연습 방식을 완전히 바꾸기로 결심했다. 발표 자료를 보며 "무슨 내용이었더라?" 하고 떠올리는 식의 연습은 더 이상 의미가 없었다. 케이팝 아이돌이 은퇴한 지 10년이 지나도 안무와 노래가 몸에서 저절로 나오는 것처럼 나 역시 그런 수준까지 준비하겠다고 마음먹었다. 그렇게 오기가 생겼다. 업무 시간은 물론 퇴근 후와 주말에도 쉬지 않았다. 가족과 시간을 보내는 중에도 머릿속에서는 발표 내용을 끊임없이 되새겼다. 샤워를 하면서도, 두 살배기 아이와 놀면서도, 지하철을 타거나 운동을 하거나 면도를 하면서도 같은 내용을 반복했다.

30분 남짓한 발표였지만 마치 새로 나온 군무를 초 단위로 맞추듯 페이지별로 시간을 설정해 연습했다. 첫 페이지는 몇 초, 다음은 몇 초. 그렇게 반복하다 보니 어느 순간 '토가 나올 정도'로 지겨워졌다. 심지어 꿈에서도 발표를 하고 있었다.

어떤 상황에서도 흔들리지 않는 자신감

열두 번째 리허설을 준비하던 즈음 중요한 깨달음을 얻었다. 단순히 내용을 외우는 게 핵심이 아니었다. 끊임없는 반복 끝에 준비한 내용이 몸에 밸 정도로 체화되었을 때 비로소 '어디서든, 누구 앞에서든' 자신 있게 말할 수 있는 상태가 된다는 것을 알게 되었다. 회사가 요구했던 건 단순한 암기력이 아니라 흔들리지 않는 자신감이었다. 그리고 그 자신감은 머리로 쌓는 게 아니라 몸에 배도록 반복해야만 생긴다는 걸 처음으로 실감했다.

"오케이. 준비가 다 된 것 같네요. 다음 라운드로 넘어갑시다."

그 말을 듣는 순간, 짜릿한 전율이 온몸을 타고 흘렀다. 지난 8개월의 시간이 떠올랐다. 드디어 결과가 나왔다. 탄천에서 개구리 잡던 촌놈이, 금융권 경력 하나 없이도 월스트리트 무대에 데뷔하는 순간이었다. 2022년 9월, 그 오랜 준비의 결실은 그렇게 도착했다.

H 선배의 말은 틀리지 않았다. 데뷔 직후 한 달 동안 매일 아

침 7시부터 밤 10시까지 촘촘히 짜인 미팅이 이어졌다. 점심 먹을 틈조차 없어 동료들이 '사식'처럼 햄버거를 책상에 갖다 놓곤 했다. 나는 회의 중 양해를 구하고 햄버거를 먹으며 질문에 답했다.

그제야 이해했다. 왜 그렇게까지 혹독하게 반복했는지를. 비슷한 내용의 발표였지만 청중은 매번 달랐고 질문의 각도도 제각각이었다. 하지만 훈련된 내용은 잠꼬대처럼 튀어나왔다. 반복은 결국 배신하지 않았다.

그러던 중 이코노미스트를 시작으로 CNBC, BBC, 포춘 등 세계 유력 언론사들로부터 인터뷰 요청이 들어왔다. 그중 일부는 생방송 인터뷰였고 몇 개는 지금도 언론사 채널에 남아 있다.

큰 사고 없이 잘 마쳤다. 만약 발표 준비 기간 동안 열한 차례의 리허설과 밤낮 없는 반복 훈련이 없었다면 갑작스럽고 예리한 앵커의 질문에 제대로 대응하지 못했을 것이다. 그 순간은 평생 흑역사가 되어 박제되었을지도 모른다.

생방송과 인터뷰를 거치면서 영어가 모국어인 이들로부터 "Your English is perfect!"(너의 영어는 대단히 완벽해!)라는 말을 여러 번 들었다. 하지만 나는 그 말을 곧이곧대로 받아들이지 않았다. 내가 영어를 유창하게 구사하게 되었다는 인정이 아니라 준비한 분야에서만큼은 누구와도 자연스럽게 대화할 수 있을 정도로 내용을 완벽히 체화했다는 의미였으니까. 준비되지 않은 주제에선 여전히 개구리 잡던 촌놈의 밑천이 드러날 수밖에 없었다. 결국 그들이 칭찬한 건 나의 영어가 아니라 철저한 준비에서 비롯된 말의 명확함과 자연스러움이었다.

일생의 결정적 순간에 필요한 마인드셋

이 이야기가 특별한 이유는 매일 쓰는 일상 영어에 관한 이야기가 아니기 때문이다. 이는 인생에서 한두 번 찾아올까 말까 한 결정적 순간—유학 인터뷰, 글로벌 프레젠테이션, 영어 연설, 중요한 고객 미팅—에서 어떤 마인드셋을 가져야 하는지를 말하고 있다.

모국어가 아닌 영어로 발표하는 일은 우리 같은 사람에게 언제나 낯설고 부담스럽다. 덜 중요한 미팅에서는 발표문을 보며 무난하게 넘어갈 수도 있지만 결정적인 순간에는 그 방식이 통하지 않는다. 상대의 눈을 바라보며 분위기를 읽고 타이밍에 맞게 말의 속도를 조절해야 한다. 그럴 때 긴장감은 훨씬 커지고 평소보다 더 많은 준비가 필요하다.

이런 부담을 줄이는 가장 현실적인 방법은 반복뿐이다. 자리에 누워 눈을 감고도 말할 수 있을 만큼 몸에 익을 때까지 반복하는 것. 조금 원론적으로 들릴 수 있지만, '생각하면서 말하기'보다 '생각하지 않아도 자연스럽게 튀어나오게 만드는 연습'이 훨씬 효과적이다. 기계처럼 외운 티를 내라는 말은 아니다. 철저히 반복해서 머릿속에 내용이 완벽하게 자리 잡았을 때 비로소 청중의 반응과 현장의 흐름을 고려한 유연한 소통이 가능해진다. 즉흥 연설은 철저히 준비된 자의 특권이란 말도 있지 않은가.

영어 울렁증이 있는 사람이라면, 그리고 인생에서 중요한 영어 미팅이나 인터뷰를 앞두고 있다면, 이 방법이 분명 도움이 될 것이다.

머리가 아닌 '입'에 새겨라
─ 실전에서 절대 떨지 않는 '100회 낭독'의 기적

중요한 면접, 유학 인터뷰, 프레젠테이션을 앞두고 있다면 이 방법 하나
만 기억하자. "쓰고, 읽고, 100번 반복하라." 이건 단순한 암기가 아니라
영어를 몸에 새기는 가장 실전적인 훈련법이다.

'근육 기억Muscle Memory' 5단계

1. 시뮬레이션List Up: 예상 질문을 모조리 끄집어내 리스트를 만
   든다.
2. 두괄식 작성Answer First: 결론부터 말하고 이유를 붙여라(영어는 빙
   빙 돌리면 지는 게임이다).
3. 낭독 훈련Reading: 눈으로 읽지 마라. 반드시 소리 내어 읽어라.
   • 1~30회: 또박또박 정확하게
   • 31~50회: 감정을 실어 자연스럽게
4. 임계점 돌파Repetition: 50번을 넘기면 입이 기억하고, 100번을
   넘기면 뇌를 거치지 않고 문장이 튀어나온다(좋아하는 노래 가사가
   저절로 나오는 원리와 같다).
5. 키워드 스피킹Blind Test: 스크립트를 버려라. 핵심 단어Keyword 하
   나만 보고 문장 전체를 뱉어낼 수 있다면 당신은 준비된 것이다.

무대에 오르기 전 100번의 반복을 채운 사람은 그 어떤 즉흥 질문에도 흔들리지 않는다. 입에 익은 문장은 자신감을, 자신감은 설득력을 만들어낸다.

Insight   발표

- 아마추어는 '틀리지 않을 때'까지 연습하지만, 프로는 '틀릴 수 없을 때'까지 연습한다.
- 입이 기억하는 영어는 배신하지 않는다. 무대 위에서 떨지 않는 유일한 방법은 무대 아래서 '잠꼬대'가 나올 때까지 반복하는 것뿐이다.

채널

10

유튜브 알고리즘이
절대로 알려주지 않는
영어의 진실

2018년 이후, 한국에서는 유튜브와 인스타그램 사용자 수가 폭발적으로 증가했다. 유튜브는 이미 네이버를 제치고 전 국민이 가장 오래 사용하는 플랫폼이 되었고, 이와 함께 짧고 강렬한 숏폼 콘텐츠들이 우리 일상을 깊숙이 파고들었다.

자연스럽게 영어 공부 영상도 이 흐름을 탔다. 10분도 길다. 10초짜리 숏폼 영상들이 쏟아지며, '이 표현' 하나만 익히면 영어가 유창해질 것 같은 달콤한 환상을 심어준다.

하지만 잠깐. 이 화려한 '원어민 표현'들이 과연 비즈니스 현장이나 우리의 일상에서 얼마나 쓸모가 있을까?

자주 소개되는 원어민 표현들

소셜미디어에서 "이게 진짜 원어민 표현"이라며 가르쳐주는 대표적인 표현들을 보자.

1. 나는 바빠.

(일반 표현) I'm busy.

(원어민 표현) I'm swamped.

2. 아직 결정을 못 했어.

(일반 표현) I haven't decided yet.

(원어민 표현) I'm on the fence.

3. 너무 늦었어.

(일반 표현) It's too late.

(원어민 표현) That ship has sailed.

4. 완전히 잊고 있었네.

(일반 표현) I totally forgot it.

(원어민 표현) It slipped my mind.

5. 너무 맛있어서 다 먹었어.

(일반 표현) We ate it a lot.

(원어민 표현) It hit the spot.

물론 이런 표현을 알아두는 게 나쁜 건 아니다. 크리에이터들의 노력과 아이디어를 폄하할 생각도 전혀 없다. 다만 여기서 한 가지 현실적인 질문을 던지고 싶다. 이걸 써먹을 일이 과연 평생 몇 번이나 있을까?

15년 동안 한 번도 쓰지 않았다

나는 외국계 기업에서 15년 넘게 근무했고 다양한 국적의 동료들과 영어로 일해왔다. 그럼에도 위에 나열된 다섯 가지 표현을 실제 업무나 일상에서 단 한 번도 사용하거나 들은 적이 없다.

"나는 많이 들어봤는데?"라고 반문하는 사람도 있을 것이다. 맞다. 하지만 그건 당신이 유학파거나, 이미 원어민 수준에 도달했을 경우에나 해당되는 이야기다. 그 정도 실력이면 원어민도 친구 대하듯 거리낌 없이 슬랭을 섞어 쓸 테니까.

하지만 우리처럼 '영어를 원래 잘하지 않았던' 사람들에게 원어민은 그렇게 행동하지 않는다. 원어민 친구들은 우리가 콩글리시 억양이나 발음을 쓰는 순간 우리가 비원어민이라는 걸 바로 알아챈다. 그리고 성격 파탄자가 아닌 이상, 우리 수준에 맞춰 가장 간결하고 쉬운 '교과서적 영어'를 골라 쓴다.

가령 어느 날 한국어를 이제 막 배운 일본인이나 베트남인 친구가 함께 있는 식사 자리에 참여했다고 하자. 그 자리에 있던 한국 사람들이 '폼 미쳤다', '외모 첵', '럭키비키' 같은 유행어와 구어체로 대화를 이어간다면, 과연 대화가 원활하게 이루어질까? 대부분은 상대의 언어 수준을 배려해 더 쉬운 말, 더 일반적인 표현으로 조율하며 대화하려 할 것이다. 이는 인간적인 배려이자 커뮤니케이션의 기본이다.

원어민 표현, 진짜 필요한가?

앞서 소개한 시애틀 파견 당시의 경험을 떠올려보자. 프로젝트가 시작된 지 한 달쯤 지났을 무렵, 시애틀 바다가 보이는 한 레스토랑에서 전 팀원이 함께 모여 회식을 했다. 유학파로 영어에 능통한 한국인 선배 J와, 개구리 잡던 촌놈 출신인 나, 이렇게 둘만 한국인이었고 나머지 열 명은 모두 미국인이었다.

업무에서 벗어난 편안한 자리였기에 평소보다 훨씬 다양한 원어민 표현이 오갔다. 분위기가 무르익을 즈음 전날 잠을 많이 못 자 피곤했던 나는 조용히 자리를 빠져나오려 했다. 인사도 자연스럽게 마치고 티 안 나게 숙소로 돌아갈 계획이었다.

그때 옆 부서에 있던 미국인 A가 장난스레 말을 걸었다.

"Hey Bo! Where are you sneaking out?"

평소 커피를 마시며 안면을 튼 친절한 선배였고 말투도 농담조였지만, 난생처음 듣는 'sneaking out'이란 표현에 말문이 막혔다.

"A 선배, 제가 원어민이 아니라 가끔 이런 표현을 잘 못 알아들을 때가 있어요. 방금 무슨 뜻인가요?"

그녀는 웃으며 설명해줬다.

"Sneak은 누군가가 몰래 어디를 빠져나갈 때 쓰는 말이야. 너는 들키지 않았다고 생각했겠지만 우리 중에 유일한 막내 한국인이니까 누가 나가는지는 금방 알아차릴 수밖에 없어. 그렇지만 네가 피곤하다는 걸 아니까 먼저 가도 돼. 사람들에겐 내가 대신 인사 전해줄게." 따뜻한 배려였다. 그날 이후 팀원들은 나를 위해 좀 더 쉽고 또렷한 영어로 말을 걸기 시작했다.

그 후 외국에서 다양한 경험을 하며 sneak, swamp, sail 같은 표현들이 뭘 의미하는지 자연스럽게 알게 되었다. 하지만 지금 돌이켜보면 처음부터 그런 표현들을 익히는 건 위험할 수도 있었다고 생각한다. 기본기도 안 된 상태에서 '현지인 표현'부터 배우려 들면 머리만 복잡해지고 정작 입은 더 굳어버리기 때문이다. 정말 정신없이 바쁠 때 우리는 여전히 "I'm swamped"보다는 깊은 한숨과 함께 "I'm super busy"라고 말할 것이다.

핵심 메시지는 분명하다. 영어는 쉽고 명확하며, 재미있는 커뮤니케이션 도구여야 한다. 우리가 "I'm busy" 대신 "I'm swamped"를 쓰기 시작한다고 해서 우리의 영어가 갑자기 에르메스처럼 고급스러워지진 않는다. 외교관들이 국제무대에서 원어민 표현을 구사하기 때문에 나라를 대표하는 것이 아니다. 정말 중요한 것은 우리가 충분히 고민한 내용을 논리적인 구조에 담아 명확하고 천천히 전달하는 것이다. 영어를 잘한다는 건 '유행어'를 많이 아는 게 아니라 '내 생각'을 오해 없이 전달하는 능력이다.

단순하지만 반복 가능한 표현을 먼저 정복하라

유튜브나 인스타그램에서 영어 콘텐츠를 제작하는 크리에이터들은 초기에는 유용한 표현 위주로 구성하지만 몇 차례 지나면 바로 한계에 부딪힌다. 자주 쓰는 기본 표현들로 만든 콘텐츠는 금세 소진되기 때문에 이후에는 어쩔 수 없이 더 자극적이고, 더 눈길을 끄는 주제를 선택하게 된다. 결국 원어민조차 잘 안 쓰는 희귀한 표현까지 끄집어내게 되고, 학습자는 현실과 동떨어진 '박제된 영어'에 매몰되기 십상이다.

이런 현실 속에서 학습자가 지켜야 할 태도는 분명하다. 본질에 집중해야 한다. 우리가 진짜 익혀야 할 것은 '난생처음 듣는 원어민 표현'이 아니라 누구나 자주 쓰는 쉽고 명확한 표현들이다. 만약 유튜브나 인스타그램으로 영어를 계속 배우고자 한다면 '신기한 표현'이 아니라 '써먹을 수 있는 표현'을 골라, 입에 붙을 때까지 무한 반복하는 게 훨씬 현명한 전략이다. 이것이 실제 커뮤니케이션에 강해지는 영어 마인드셋이다.

실제로 말할 수 있는, 전달할 수 있는 표현을 얼마나 내 것으로 만들었는가가 진짜 실력이다. 불필요한 장식어에 시간과 에너지를 낭비하지 말고 언젠가 진짜로 영어를 써야 할 그 순간을 대비해 기본에 집중하는 학습 습관을 만들어가야 한다.

10   Secret Note

유튜브 영어 회화에 속지 말자, 그들은 조회수만 원한다

인스타그램과 유튜브에는 하루에도 수백 개의 "원어민은 이렇게 말한다!"는 영상이 올라온다. 하지만 그중 상당수는 자극적인 포장에 불과하다. "'How are you?'는 원어민이 절대 안 쓴다" 같은 주장도 대부분 10대들의 속어 수준을 일반화한 과장된 정보다.

이런 콘텐츠들은 약이 아니라 독이다. 표현을 새롭게 배우는 듯하지만 정작 실제 대화에서는 거의 쓸 일이 없는 단어를 주입한다. 결국 문장은 늘지 않고 영어 감각만 흐려진다. 진짜 영어 실력은 숏폼 콘텐츠가 아니라 깊이 있는 문장과 맥락 속에서 자란다.

유튜브 알고리즘의 파도에 휩쓸리지 말고, 당신이 존경하는 인물의 실제 인터뷰를 찾아보라. 예를 들어 경제인은 어떻게 프레젠테이션을 하고, 예술가는 자신의 철학을 어떤 어휘로 풀어내는지 살펴보는 것이다. 그들이 뱉는 문장 하나하나가 당신의 어휘력과 사고력, 품격을 동시에 끌어올릴 것이다.

'재미있는 영어'보다 '현실에서 바로 쓸 수 있는 영어'를 선택하라. 자극보다 진짜 콘텐츠를 듣는 습관이 장기적으로 훨씬 깊은 차이를 만든다.

Insight   채널

- 유튜브 알고리즘은 당신의 영어 실력에 관심이 없다.
- 도파민 터지는 영상 대신 지루한 반복을 선택하라. 진짜 실력은 그 지루함 속에서 자란다.

퀄리티

11
'고급 영어'보다
'자주 쓰는 영어'가
100배 낫다

10년, 3천만 원, 그리고 남은 건 'Hello'뿐

"Hello, Miss Susan!"

대한민국에서 태어난 사람이라면 누구나 가슴 속에 흑역사 하나쯤은 품고 산다. 바로 '원어민 회화 학원'이다.

학생 5~10명이 원어민 강사와 함께 일주일에 한두 번씩, 1~2시간 정도 대화하는 수업이 기본이었다. 나 역시 교육열 높은 어머니 덕분에 초등학교 때 이런 학원을 몇 번 다녔고, 대학 시절에도 가끔씩 다시 찾아가곤 했다. 내 월급은 원어민 강사들의 지갑을 두둑하게 채워줬다. 선생님들의 이름은 늘 똑같았다. 수

잔Susan, 제임스James, 마이크Mike……. 아마 학원에서 일괄 지급하는 예명이었을 것이다.

대학 시절부터 직장 초년생 시절까지 약 10년 가까이 영어회화에 돈과 시간을 쏟아붓고도 실력이 늘지 않았던 경험을 이야기해보자. 이번 장에서는 '영어를 타고나지 못한 사람들'이 양quantity과 질quality 사이에서 겪는 딜레마를 다룬다.

노출된 시간의 총량이 실력을 만들어간다

대학 졸업 후 외국계 회사에 입사했지만 영어는 좀처럼 늘지 않았다. 결국 회사에서 제공하는 전화영어 프로그램을 신청했다. 주 2회, 아침 출근길 차 안에서 얼굴도 모르는 미국 어딘가의 선생님과 졸린 눈을 비비며 통화했다.

"어제 뭐 했어요?"

"이번 주말엔 뭐 할 예정이에요?"

딱히 의미 없는 스몰 토크만 오갔다. 그렇게 몇 달을 해도 실력은 제자리걸음이었다.

초등학생 때부터 대학생, 직장 초년생까지 10년 넘게 학원도 다니고, 전화영어도 하고, 비용도 시간도 나름 들였지만 돌아오는 건 없었다. 문제는 이게 나만의 이야기가 아니라는 점이다. 독자 중에도 비슷한 경험을 가진 사람이 분명 많을 것이다. 왜 이런 일이 반복되는 걸까? 이는 우리가 빠지기 쉬운 두 가지 영어 회화의 함정 때문이다.

첫째, 영어 실력을 늘리기에는 투자 시간이 너무 짧다.

전화영어나 영어회화 수업은 상당히 고가다. 일대일 수업은 시간당 2만 원에서 많게는 10만 원 이상을 넘는다. 그래서 일주일에 3시간 수업을 듣고 나면 뭔가 열심히 한 것처럼 느껴지기 쉽다. 그러나 이 3시간은 전혀 '많은 시간'이 아니다.

일주일은 총 168시간이다. 그중 단 3시간, 겨우 1.8퍼센트만 영어에 노출되는 셈이다. 나머지 98.2퍼센트의 시간은 한국어로 말하고, 생각하고, 콘텐츠를 소비한다. 고작 1.8퍼센트의 시간으로 영어가 늘길 바라는 건, 숨쉬기 운동만 하면서 하루 10분 스트레칭으로 식스팩을 꿈꾸는 것과 같다.

결국 '주 3시간' 수업은 실력 향상을 위한 투자가 아니다. 영어에 대한 죄책감을 씻기 위한 비싼 '면죄부'일 뿐이다.

둘째, 우리가 만나는 영어 선생님들은 지나치게 친절하다.

그들은 대부분 친절하고 열정적인 전문가다. 하지만 구조적으로 우리에게 '불편함'을 줄 수 없는 위치에 있다. 그들 역시 수업 시간당 비용을 받는 프리랜서 강사이기에 학생이 편하고 만족스러워야 재등록이 이어지기 때문이다. 그래서 그들은 종종 지나치게 쉬운 영어, 느린 속도, 교과서적인 문장만 골라 쓴다. 우리 귀에는 다정하게 들리지만 그건 진짜 미국 현지 영어와는 다르다. 그들은 '우리를 배려한 영어'를 말할 뿐이다.

하지만 우리는 이런 말을 차마 하지 못한다. "선생님, 저 이제 진짜 미국인처럼 영어를 배우고 싶어요. 좀 더 어렵게, 좀 더 현실적으로 말해주세요." 설령 그렇게 말한다 해도, 선생님 입장에서는 갑자기 수업 스타일을 바꾸기 어렵다. 대부분의 영어회화 업체들은 사전에 정해진 수업 매뉴얼과 평가 기준이 있기 때문이다.

결국 위 두 가지 문제는 학습자의 게으름이나 교사의 부족이 아니라 구조적인 시스템의 한계에서 비롯된다. 비싼 돈 내고 짧게 배우며, 세상 친절한 영어만 듣는 환경에선 영어가 늘 턱이 없다. 본질적으로는 이 구조 자체를 바꾸는 것이 필요하다. 하지만 현실에서 그 구조를 당장 바꾸기 어렵다면 우리는 방향을 바꿔야 한다.

횟수보다 밀도, 현지인보다 한국 거주 외국인

누군가 "10년 전으로 돌아간다면 어떻게 하겠느냐"고 묻는다면 나는 이렇게 말할 것이다.

가장 먼저 추천하는 방법은 '노는 물'을 바꾸는 것이다. 즉 친구의 범위를 재설정하는 것이다.

이는 앞서 이야기했던 한국에 사는 중국인이나 일본인 친구를 사귀는 전략과도 연결된다. 굳이 멀리 미국 루이지애나에 사는 원어민 선생과 일주일에 몇십 분 전화영어를 하기보다 우리처럼 영어가 완벽하지 않아도 부담 없이 대화할 수 있는 외국인 친구를 국내에서 만나는 것이 더 효과적이다. 오히려 영어를 잘 못하는 외국인 친구일수록 서로 위축되지 않고 자연스럽게 이야기할 수 있다. 함께 운동하고, 밥을 먹고, 주말에 소풍도 다니며 영어로 대화해야 하는 상황을 물리적으로 몇 시간, 며칠 단위로 늘리는 것이 핵심이다. 고작 1.8퍼센트에 불과했던 영어 노출 시간을, 이 방법으로 5~10퍼센트까지 획기적으로 늘릴 수 있다.

이 방식은 특히 대학생이나 20~30대 직장인처럼 주변에 외국인 친구를 만들 수 있는 환경에 있는 사람들에게 적합하다. 가성비도 뛰어나고 실전 감각을 빠르게 기를 수 있다.

두 번째는 '돈으로 시간을 사는' 전략이다. 금전적 여유가 있다면 과감하게 일대일 수업으로 전환하고 절대 시간을 늘려라.

전화영어를 일주일에 한두 번 하는 건 사실상 큰 의미가 없다. 회화 학원에서도 5:1이나 6:1 수업은 효과가 제한적이다. 차라리 매일 아침 1시간씩 전화영어를 하거나, 영어 회화 학원을 일대일 맞춤형 수업으로 매일 1~2시간씩 꾸준히 듣는 방식이 훨씬 낫다.

물론 이 방법은 비용이 많이 든다. 하지만 푼돈 들여 효과 없는 수업을 지루하게 반복하느니, 확실한 비용을 치르고 매일 집중적으로 훈련하는 편이 훨씬 남는 장사다. 이 방법은 특히 무역

업 종사자, 외국계 기업 임원, 고위 직책에 있는 분들처럼 영어 실력이 곧 비즈니스 성과로 직결되는 사람들에게 적합하다.

또한 아직 영어 실력이 고급 단계가 아니라면 굳이 아이비리그 출신의 고급 회화 강사를 고용할 필요도 없다. 지금 필요한 건 유창한 토론 실력이 아니라 일상 표현을 막힘없이 내뱉는 '기본 회화 근육'이다. 면허 딴 지 일주일 된 초보가 F1 레이싱카를 몰고 트랙에 나가는 격이다.

세 번째 방법은 외국인 유학생이나 직장인을 대상으로 홈스테이를 운영하는 것이다.

하루에 한두 끼 함께 식사하면서 간단한 스몰토크를 나누고 일상적인 영어 표현에 자연스럽게 익숙해지는 방식이다. 이 방법은 시간적 여유가 있고 자녀가 독립한 뒤 남는 방을 가진 50~60대 중장년층에게 특히 유용한 선택지다. 정식 어학연수처럼 시간과 돈을 들이지 않고도 집에서 영어 환경을 만들어낼 수 있는 실속형 방법이다.

AI는 '보완재'일 뿐, '대체재'는 아니다

최근 생성형 AI 기술을 기반으로 한 영어회화 앱들이 잇달아 출시되고 있다. 나 역시 몇 가지 서비스를 직접 사용해보았다.

하지만 이러한 방식은 조심스럽게 접근해야 한다. 영어는 시험 과목이 아니라 사람과 사람 사이의 소통을 위한 도구다. 즉 상대방과의 즐거운 상호작용이 없다면 영어는 지루하고 비효율적인 활동이 되기 쉽다. 우리가 카카오톡으로 친구와 대화를 나누고, 리그오브레전드나 배틀그라운드 같은 게임을 함께 하는 이유는 '사람이 함께 있기 때문'이다. AI 챗봇과 계속 수다를 떨거나 컴퓨터를 상대로 스타크래프트를 하려는 사람은 거의 없다.

영어도 마찬가지다. 아무리 정교한 AI 영어회화 앱이라 해도 상대방이 내 말을 '진심으로' 듣고, 웃고, 되받아주는 리듬감 있는 티키타카가 없다면 결국 흥미를 잃기 마련이다. 그 순간 영어는 '대화의 도구'가 아니라 지겨운 '학습 과목'으로 전락한다. 비효율의 극치다.

그렇다면 AI 기반 영어회화 앱은 언제 의미가 있을까?

내가 보기엔 아래와 같은 경우에 보조 채널로 유용하다.

- 사람을 직접 만나는 것이 부담스러운 내향형 학습자
- 외국인을 만날 기회가 극히 드문 도서·지방 거주자
- 너무 바빠 회화 시간을 확보하지 못한 직장인

이처럼 AI는 사람을 대체하기 위한 수단이 아니라 사람과의 실제 대화 경험을 보완하기 위한 도구로 활용될 때 가장 효과적이다.

말할 수밖에 없는 환경을 만들어라

조금 뜬금없지만, 영어유치원 사례를 잠시 언급하고 싶다. 만약 우리가 영어를 가장 빠르게 배울 수 있는 환경으로 돌아갈 수 있다면, 어떤 조건이 최적일까? 가장 이상적인 시나리오는 4~5세 시절로 돌아가 미국 공립 유치원에 다니는 것이다. 물론 이건 불가능하므로 현실적으로 떠올린 대안은 영어유치원이다.

하루 15분, 20분 하는 전화영어와 달리, 영어유치원에서는 하루 평균 7시간 이상 영어 환경에 노출된다. 거기서 가르치는 교사들이 모두 명문대 출신은 아니지만 아이들은 그 안에서 영어를 빠르게 체득한다. 핵심은 누구에게 배우느냐가 아니라 '얼마나 많은 시간 동안 영어에 노출되느냐'에 있다.

이 사례는 어린아이에게만 해당되는 이야기가 아니다. 우리처럼 "영어를 원래 잘하지 않았던" 한국인 성인에게도 똑같이 적용된다.

하버드 출신 영어강사의 일주일 20분 수업 3번 vs. 평범한 선생님과 하루 7시간 영어만 사용하는 환경. 어느 쪽이 더 효과적일까? 대부분은 주저 없이 후자를 선택할 것이다. 중요한 것은 '고급스러움'이 아니라 '총 노출 시간'이다.

첫 질문으로 다시 돌아가보자.

영어 실력 향상에 중요한 건, Quantity(양)일까? Quality(질)일까?

나는 단언할 수 있다. 우리처럼 영어를 원래 못했던 로컬 한국인에게는 '양'이 절대적으로 더 중요하다. 질은 양 속에서 온다. 충분한 양의 노출이 축적된 이후에야 비로소 고급 표현, 발음, 문장 구성 같은 질적 개선이 가능해진다.

1부를 닫으며, 당신에게 전하고 싶은 한 문장은 이것이다.

"영어는 책상 위 '공부'가 아니다. 말할 수밖에 없는 '환경' 속에서 자라나는 '생존 본능'이다."

이제 낡은 학습법을 버리고 당신을 야생의 환경으로 밀어 넣어라. 진짜 게임은 지금부터다.

11   Secret Note

영어 노출 채널 다각화를 시작하자

영어가 편해지는 지점에 도달하려면 '공부 시간'이 아니라 노출 시간을 늘려야 한다. 일주일 동안 깨어 있는 약 112시간 중(아침 7시~밤 11시 기준)에 단 5퍼센트, 즉 하루 1시간만 영어 모드로 살아도 전화영어 일주일 1시간보다 스무 배 이상의 효과를 낸다. 어제 배운 표현을 오늘 써먹고, 내일 또 사용하면서 언어는 도구처럼 손에 익는다. 듣고, 말하고, 쓰고, 읽는 모든 순간에 영어를 사용하는 환경을 조성해야 한다.

하루 한 시간의 노출을 유지하기 위해 채널을 다각화하라. 듀오링고, 링글, 스픽 같은 앱으로 기초 감각을 다지고, 외국인 친구와의 언어 교환으로 실제 대화를 이어가자. 출퇴근길에는 BBC, NPR 같은 팟캐스트를 듣고, 주말엔 영어 토론 모임이나 회화 학원을 활용하는 것도 좋다. 이렇게 여러 채널을 병행하면 지루하지 않게 꾸준히 '영어 모드'를 유지할 수 있다.

핵심은 완벽한 공부법이 아니라 매일 일정 시간 영어로 살아보는 루틴이다. 일주일에 한 번 2시간 공부보다 매일 15분씩 7번 노출되는 것이 훨씬 강력하다.

Insight   **퀄리티**

- 좋은 콘텐츠를 찾으려 고민하기보다 시간과 빈도를 늘려 귀를 영어에 익숙하게 만들어라. 꾸준함이 결국 모든 퀄리티를 이긴다.

2부

실전편:
유창함 없이도 통하는 9가지 실전 무기

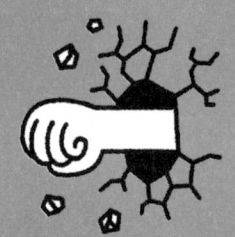

1부가 당신의 뇌 구조를 바꾸는 '마인드셋os 업데이트'였다면, 2부는 그 위에서 실제로 작동할 강력한 '실전 기술Apps'을 설치하는 시간이다.

이제 학교, 직장, 여행지라는 냉정한 현실에서 당신이 마주할 구체적인 문제들을 해결하자. 목표는 단순하다. 영어를 '아는' 단계에서 멈추지 않고, 당장 내일 아침 회의에서 혹은 다음 달 출장지 등 실전에서 '써먹는' 단계로 당신을 끌어올리는 것이다.

실제보다 120퍼센트 잘하는 것처럼 보이는 전략

2부에서는 영어가 부족하더라도 실제 업무 환경이나 일상에서 자연스럽고 자신감 있게 보일 수 있는 커뮤니케이션 전략들을 다룬다. 알아듣기 힘든 콜센터 영어, 부담스러운 발표 상황, 이메일 작성 등에서 사용할 수 있는 구체적인 표현과 말하기 기술을 예시와 함께 설명한다. 유창하지 않아도 신뢰를 주는 말투, 실수를 최소화하는 문장 구성 등 실전에서 바로 써먹을 수 있는 전략이 중심이다.

유창하지 않아도 좋다. 실수를 최소화하고 핵심을 찌르는 '가성비 높은 영어'가 무엇인지 보여준다. 또한 기초를 넘어 중급으로 도약하고 싶은 독자를 위해 복잡한 문법 규칙 대신 현장에서 바로 통하는 고급 어휘 활용법과 세련된 문장 축약 기술도 함께 담았다.

영어는 고통이 아닌 당신의 가능성

영어를 '학습 대상'으로 바라보면 고통스럽다. 하지만 '내 몸 값을 올리는 도구'로 바라보면 설렌다.

영어유치원의 교훈을 잊지 마라. 언어 습득의 승패는 '누구에 게 배웠느냐'가 아니라 '얼마나 자주, 얼마나 오래 그 언어에 젖어 있었느냐'에 달려 있다. 일주일에 세 번 만나는 명문대 강사의 고 상한 수업보다, 당신을 24시간 영어만 써야 하는 척박한 환경에 던져놓는 것이 100배 더 효과적이다.

지긋지긋한 '숙제' 같았던 영어를, 이제는 설레고 즐거운 '모 험'으로 바꿔보자. 고통스러운 암기의 시간이 아니라 내 인생의 무대를 넓혀가는 의미 있는 여정이 되기를, 그 길에 이 책이 가장 현실적인 나침반이 되기를 바란다.

구조

12
유창함보다 중요한 건
'구조화된 말하기'다

2019년 8월의 어느 날 아침, 회사에서 제공한 임시 숙소인 애스콧에서 눈을 떴다. 스무 평 남짓한 스튜디오형 원룸이었고, 열대의 눅눅한 습기와 묘한 방향제 냄새가 뒤섞인 공간이었다. 간단히 공복 유산소 운동을 마치고 출근하는 길. 회사까지는 도보 10분 거리였지만 어떤 날은 동남아의 뜨거운 햇볕 때문에, 또 어떤 날은 스콜(열대성 폭우) 때문에 걷기조차 쉽지 않았다.

사무실에 도착하면 먼저 구내 식당Canteen에서 샌드위치로 간단한 아침을 해결했다. 넷플릭스는 한 사람이 동시에 3~4개의 프로젝트를 맡는 게 기본이었다. 숨 돌릴 틈 없이 우선순위를 정하고 전투 태세에 돌입해야 했다. 그날도 이메일을 확인하고 각 프로젝트의 우선순위를 정한 뒤 하나씩 업무를 시작했다.

나의 '3분' 연설 vs 그들의 '3초' 요약

시차 때문에 이른 아침부터 회의실에 들어갔다. 화면 너머에는 실리콘밸리의 데이터 사이언티스트들이 앉아 있었다. 나는 야심 차게 준비한 의견을 피력하기 시작했다.

"고객들의 시청 행태를 분석해봤는데요. 어떤 사람은 여러 콘텐츠를 10분씩 간만 보며 이리저리 돌려 봅니다Zapping. 반면 어떤 사람은 주말에 몰아서 시리즈를 끝까지 봅니다Binging. 또 어떤 경우는 그냥 설거지할 때 백색소음처럼 틀어놓기도 하고요. 제 생각엔 이 각각의 시청 방식에 따라 고객이 느끼는 '만족도'가 다릅니다. 단순히 오래 본다고 해서 만족도가 높은 게 아니란 거죠. 이게 결국 재구독률에 영향을 미치니까, 우리는 단순한 양적 지표 말고 '몰입도'를 측정하는 새로운 알고리즘을 짜야 합니다. 그래야 이탈을 막을 수 있거든요……."

나는 약 3~4분에 걸쳐 열변을 토했다. 나름 논리적이었고 영어도 끊김 없이 술술 나왔다. 속으로 '이 정도면 데이터 분석 내용도 충실하고 기승전결도 완벽했어'라고 자화자찬하고 있었다.

그런데 내 말이 끝나자마자 화면 속 미국인 동료가 고개를 끄덕이며 딱 한 문장으로 대꾸했다.

"So, what you're saying is that the usage pattern is more important than the viewing hour itself. Am I correct?"

(그러니까 네 말은 '시청 시간'보다 '이용 패턴'이 더 중요하다는 거지?)

그 짧은 한마디는 내 뒤통수를 세게 후려쳤다. 나는 3분 동안 구구절절 온갖 예시(설거지, 백색소음 등)를 들며 설명했는데, 그는 그걸 단 3초 만에 한 문장으로 압축해버린 것이다. 그의 문장에는 군더더기가 없었다.

얼굴이 화끈거렸다. 나는 그동안 '유창함Fluency'을 '말을 많이 하는 것'으로 착각하고 있었다. 하지만 영어를 잘한다는 것은 쉼 없이 떠드는 게 아니었다. 복잡한 현상을 머릿속에서 '구조화Structure'해서 가장 심플한 언어로 뱉어내는 능력, 그것이 진짜 실력이었다.

그날의 회의는 내게 뼈아픈 교훈을 남겼다. "주저리주저리 설명하지 마라. 상대는 네 서사에 관심 없다. 결론만 꽂아라." 이 깨달음은 이후 내 커뮤니케이션 방식을 송두리째 바꿔놓았다.

구조화된 영어 말하기는 최고의 무기

회의가 끝난 직후, 당시 싱가포르 오피스의 상사였던 B가 나를 콜 부스Call Booth로 불렀다. 당시 나는 상당히 겁먹은 상황이었다. 조용한 소형 회의실에서 그는 갑자기 이렇게 물었다.

"보경, 영어가 모국어가 아닌 사람이 영어를 가장 효과적으로 전달하는 방법이 뭔지 알아?"

나는 어렴풋이 대답했다.

"음……. 잘 준비해서 유창하게 말하는 거 아닐까요?"

"아니. 유창한 건 아무런 매력이 없어. 미국에 가면 길거리 노숙자들도 영어는 원어민처럼 유창하게 해. 그게 실력일까?"

그는 내 눈을 똑바로 쳐다보며 핵심을 던졌다. "너처럼 영어가 서툰 사람이 원어민을 이기는 유일한 방법은 '구조화된 말하기Structured Speaking'야."

그는 BCG 시절의 선배 컨설턴트였다. '구조화된 말하기'는 경영 컨설턴트에게 기본적인 소양으로 여겨질 만큼 익숙한 개념이다.

말하고자 하는 내용을 미리 정리하고, 그 안에서 고려해야 할 관점을 나눈 뒤, 결론부터 먼저 제시한 후Answer First 이를 논리적으로 뒷받침하는 방식이다. 어렵게 느껴질 수 있지만 실제로는 우리가 익히 배워온 논술 구성과 크게 다르지 않다. 나도 10년 가까이 경영 컨설팅을 해왔지만 넷플릭스에서 영어로 회의를 하는 과정에서는 이처럼 기본적인 커뮤니케이션 원칙을 까맣게 잊고 있었던 것이다. B는 바로 그 점을 지적하며 피드백을 이어갔다.

"예를 들어, 오늘 네가 회의에서 했던 코멘트를 내가 다시 한

번 이야기해볼 테니 들어봐."

그는 내 장황한 연설을 단 세 덩어리로 압축해 들려주었다.

1. 결론Answer First

"결론부터 말하자면, 시청 시간보다 '시청 패턴'이 더 중요합니다."

(To answer first, we think that the usage pattern is more important than the viewing hour itself.)

2. 근거3 Reasoning

"시청 유형은 딱 세 가지로 나뉩니다.

첫째, 간만 보는 유형Zapping

둘째, 몰아 보는 유형Binge Watching

셋째, 틀어만 놓는 유형Backgrounding

각각 데이터 값이 완전히 다릅니다."

3. 제안Proposals

"따라서 우리는 시간Time이 아니라, 패턴Pattern을 기준으로 전략을 다시 짜야 합니다."

충격이었다. 내가 땀을 뻘뻘 흘리며 5분 동안 설명한 내용이 단 40초 만에 완벽하게 정리되었다. 그의 영어에 어려운 단어는 하나도 없었다. 중학교 수준의 어휘였다. 하지만 훨씬 더 강력하고 전문적이며 설득력 있게 들렸다.

이유는 단 하나. '구조Structure'가 탄탄했기 때문이다.

많은 사람이 영어를 잘하려면 발음, 어휘, 문법이 완벽해야 한다고 생각한다. 하지만 실제 글로벌 무대에서는 '정리된 말하기'가 훨씬 더 강력한 인상을 남긴다. 상대는 당신의 발음을 평가하러 회의에 들어오는 게 아니라 당신이 어떤 참신한 비즈니스 아이디어를 논리적으로 이야기하는지를 듣기 위해 온다.

발음은 약간 어눌해도 괜찮다. 어휘는 다소 평이해도 괜찮다. 논지만 명확하면 상대는 귀 기울인다. 영어가 익숙지 않은 사람일수록 구조화된 말하기는 강력한 무기가 된다.

'Answer First(결론부터)'

'Three Supporting Points(세 가지 핵심은)'

'Summary(요약)'

이 3박자만 갖추면 당신이 더듬거려도 상대방은 "저 사람은 핵심을 꿰뚫고 있군"이라며 고개를 끄덕인다.

이 경험으로 나는 영어 커뮤니케이션의 본질을 다시 생각하게 되었다. '영어를 잘한다'는 것은 무엇일까? 이제 나는 그 답을 이렇게 말하고 싶다.

"구조화된 메시지를 간결하게 전달하는 것. 그것이야말로 영어를 가장 잘하는 방법이다."

유창함의 함정 – "뉴욕 부랑자도 너보다 영어는 잘해!"

구조화된 말하기를 익히는 것은 생각보다 어렵지 않다. 말하고자 하는 내용을 무작정 입으로 옮기기 전에 머릿속(혹은 종이 위)에 가상의 박스 3개를 그려라. 그리고 하고 싶은 말을 그 박스에 분류해서 담는 것이다.

거창한 프레임워크가 아니어도 좋다.

- 시간: 과거 / 현재 / 미래
- 돈: 매출 / 비용 / 이익
- 사람: 회사 / 고객 / 공급자
- 장단점: 장점 / 단점 / 대안

중요한 것은 주저리주저리 나열하지 않고 "딱 3가지로 나눠 말하겠다"고 선언하는 것이다.

"Today, I will talk about three perspectives: First, company. Second, consumer. And third, competitor."
(오늘 저는 세 가지 관점에서 말씀드리겠습니다. 첫째 회사, 둘째 소비자, 셋째 경쟁자입니다.)

이 문장에는 어려운 어휘도, 문법도, 유행하는 슬랭도 들어 있지 않다. 하지만 이런 구조화된 전달 방식은 흔히 고급 원어민 화자나 엘리트 전문가가 사용하는 말하기 방식이기 때문에 단순하게 말했을 뿐인데도 청자에게는 상당히 '고급스러운 영어'처럼 들리는 효과가 있다. 이처럼 단순한 단어도 '구조'라는 옷을 입히면 명품이 된다.

이 에피소드를 마무리하며 한 가지 경계해야 할 점이 있다. 영어를 모국어로 사용하지 않는 우리가 흔히 빠지는 착각은 '유창함fluency'에 대한 과도한 기대다. 공항이나 해외 식당 등에서 교포나 유학생들이 쏟아내는 유행어와 줄임말 섞인 속사포 영어를 보면, 왠지 모르게 주눅이 들기 쉽다.

하지만 한 걸음 물러서서 생각해보자. 초등학교 참관수업에서 아이들이 요즘 유행어, 욕설, 은어를 빠르게 주고받는다고 해서 그 아이들을 "말 잘한다"고 평가하지는 않는다.

반대로 TV쇼 「대한외국인」에 등장하는 파란 눈의 고학력자 외국인들이 어눌하지만 명확한 단어 선택과 정리된 구조로 한국어를 구사한다면 우리는 그를 '한국어 못하는 사람'이라 말하지 않을 것이다.

이제 '영어를 잘한다'의 정의를 바꿔야 한다. 혀를 굴리며 빨리 말하는 건 '재주'에 불과하다. 진짜 실력은 생각을 정리Organize하고, 결론Answer을 먼저 던지고, 논리Logic를 갖춰 말하는 능력이다. 이렇게 구조화된 방식으로 말할 수 있다면 비록 문법이나 억양이 완벽하지 않더라도 듣는 사람은 우리가 수준 높은 커뮤니케이션을 하고 있다고 느낀다.

비즈니스 미팅: 여러 관점으로 확장하라

핵심 메시지와 답을 말했다면, 그다음은 이유를 관점별로 풀어내는 단계다. 예를 들어 이렇게 나눠볼 수 있다.

- 수요와 공급의 관점
- 상품과 고객의 관점
- 회사·경쟁·고객의 관점
- 기능과 디자인의 관점
- 생산과 판매의 관점
- 거시경제와 단기 경쟁의 관점

하나의 주제를 다양한 시선으로 해석하면 당신의 영어가 훨씬 깊고 논리적으로 들린다. 유창함보다 중요한 것은 구조화된 사고와 말하기다. '답부터 말하기'에 이어 이처럼 '관점별 이유 설명법'을 결합하면 당신의 영어는 이미 상위 5퍼센트 수준의 비즈니스 커뮤니케이션 구조를 갖추게 된다.

Insight　　**구조**

- 결론Answer을 먼저 던지고, 그 이유를 '두세 가지 관점'으로 나눠서 설명하라. 이 구조만 갖추면 당신이 중학교 단어를 써도 상대는 당신을 '상위 1퍼센트 전략가'로 대우할 것이다.

13

막히면 물어라:
위기를 기회로 바꾸는
되묻기의 기술

"AH8JFS-80"

갑자기 낯선 코드 하나를 꺼내 들었다. 이 에피소드에서는 어려운 영어 환경, 특히 전화 통화처럼 청취 조건이 극도로 열악한 상황에서 '듣기의 정확도'를 어떻게 보완할 수 있는지를 함께 살펴보고자 한다.

처음 본 저 코드는 단순한 알파벳과 숫자의 조합에 불과하다. 그러나 만약 저 코드가 내가 지원한 외국 대학의 접수번호라면? 혹은 해외 은행 계좌번호 또는 고객사에서 받은 샘플 넘버라면? 대충 흘려들을 수는 없다.

우선 이 코드를 한국어로 천천히 읽어본다고 상상해보자.

"에이, 에이치, 에잇, 제이, 에프, 에스, 에이티."

이렇게 말하면 또렷하게 들린다. 하지만 문제는 영어권 상담원이 전화를 통해 이 코드를 읽어줄 때다. 입 모양도 안 보이고 상대방은 빠른 속도로 말한다. 그 상황에서 우리는 이렇게 들을 수밖에 없다.

"에이, 에이ᄎ, 에이t, j에이, 에f, 에s, 에이t……."

'A'인지 '8'인지, 'H'인지 '8'인지 귀로 들어오는 정보들이 꼬이기 시작한다. 뇌는 정지하고 등줄기엔 식은땀이 흐른다. 이것이 바로 해외 체류자들이 가장 두려워하는 최종 보스, '전화 영어'의 실체다.

'훈련된 듣기'가 아니면 통하지 않는 영어 콜센터

2024년 10월, 싱가포르. 가만히 서 있어도 땀이 흐르는 30도의 무더위 속, 나는 마리나 베이 금융지구를 배회하고 있었다. 미팅은 연달아 잡혀 있었고 이동 수단은 오직 택시뿐이었다. 점심식사 후 다음 미팅을 앞두고 커피 한 잔을 사려던 순간이었다. 띠링-

"결제 거절: 한도 초과"

휴대폰에 뜬 알림 메시지를 보고 심장이 덜컥 내려앉았다. 나중에 알고 보니 아이 학비와 병원비가 결제되었다 취소되는 과정에서 전산 오류로 한도가 잠겨버린 것이었다. 문제는 내 수중에 현금이 거의 없다는 점이었다. 당장 택시를 타고 이동해야 하는데 유일한 '생명줄'인 카드가 먹통이 되다니. 머릿속이 하얘졌다.

나는 떨리는 손으로 홍콩 발급 은행의 콜센터 번호를 눌렀다. 해외 생활을 해본 사람은 안다. 'ARS 콜센터 연결'이 얼마나 지독한 스트레스인지. 한국처럼 "네, 고객님~" 하고 바로 받는 친절함은 기대할 수 없다. 5분, 10분, 길게는 30분 동안 지루한 대기 음악을 들으며 피가 마르는 시간을 견뎌야 한다.

드디어 연결된 상담원. 하지만 진짜 문제는 이제부터였다. 수화기 너머로 들려오는 건조하고 피곤한 목소리. 금융 약관 용어들이 기관총처럼 쏟아지는데, 그 발음에는 인도, 홍콩, 싱가포르 특유의 강한 억양이 뒤섞여 있었다. 얼굴도, 입 모양도, 제스처도 보이지 않으니 마치 눈 가리고 절벽을 걷는 기분이었다. '도대체 이 사람, 지금 뭐라고 하는 거지?'

나의 뇌는 영어를 '이해'하는 기능을 멈추고, 희미한 단어 몇 개로 상황을 '추측'하는 비상 모드로 돌아가고 있었다. 하지만 금융 사고 처리에 '추측'은 금물이었다. 나는 이 난국을 어떻게 뚫어야 할까?

영어가 안 들릴 땐 '당당하게 되물어라'

다른 결제 수단도 없고, 현금도 없는 상황. 게다가 이 카드가 홍콩에서 발급된 카드였기 때문에 나는 홍콩의 ARS 콜센터에 국제전화를 걸어야 했다. 급한 마음을 진정시키고 근처 카페에 자리를 잡았다. 미팅 일정을 잠시 미루고 전화를 걸었다. 예상대로 10분 넘게 대기한 끝에 상담원과 연결되었다.

그런데 문제는 그다음이었다. 상담원의 강한 홍콩식 영어 억양(광둥어식 발음) 때문에 말이 거의 들리지 않았다. 절반 정도밖에 알아들을 수 없었다. 이런 상황에서는 부끄러워할 필요가 전혀 없다. 오히려 영어가 능숙하지 않다는 점을 당당하게 밝히고 내가 이해한 내용을 직접 정리해서 다시 말해보는 것이 훨씬 효과적이다.

나는 상담원에게 이렇게 말했다.

"Hey agent, I'm a having trouble with the phone connection. Also, as a foreigner, I'm struggling to understand what you're saying. From now on, I will summarize what you said, and I'd like you to listen to me and confirm whether my understanding is correct."

(헤이 상담원, 전화 연결도 좋지 않고, 저도 외국인이라 잘 못 알아듣겠

어요. 제가 지금부터 당신이 말한 내용을 정리해서 말해볼 테니, 그게 맞는지 확인해주세요.)

이처럼 '리프레이즈_{Rephrase}', 즉 제대로 이해한 것이 맞는지 나의 언어로 다시 물어보는 전략은 콜센터 통화처럼 일방향적이고 청취 난도가 높은 상황에서 매우 유용하다. 한국인끼리 한국어로 통화할 때는 거의 필요 없지만 영어권 비즈니스 커뮤니케이션에서는 중요한 생존 전략이다.

나는 내가 이해한 내용을 세 가지로 정리해서 되물었다.

"So, I want to confirm if I correctly understood what you said.

First, according to what you mentioned, I have a few large transactions that I canceled in the past month, which is why my card limit is maxed out, is that correct?

Second, to resolve this, I need to make a prepayment to the credit card company by online bank, is that right?

Third, since this process may take some time, you mentioned that if I urgently increase my limit, I can use my card starting in 5 minutes, is that correct?

Please answer yes or no for these three points."

(제가 제대로 이해했는지 확인하고 싶습니다.

첫째, 지난 한 달간 큰 결제 건을 취소한 내역 때문에 카드 한도가 초과된 상태라는 말씀이신가요?

둘째, 지금 당장 해결하려면 일정 금액을 선결제해야 한다는 의미인가요?

셋째, 선결제는 시간이 걸릴 수 있어, 긴급 한도 상향을 하면 5분 후 바로 사용 가능하다는 말씀이신가요?

세 항목에 대해 예스 또는 노로 답해주세요.)

그러자 상담원의 답변은 훨씬 또렷하게 들렸다.

"첫 번째는 예스, 두 번째는 노, 세 번째는 예스입니다. 큰 결제 건이 있었던 건 맞고, 지금 선결제를 해도 처리가 늦게 될 수 있으니 바로 사용은 어렵습니다. 대신 긴급 한도 조정을 해드리면 5분 뒤부터 바로 사용 가능합니다. 선결제는 병행해서 해두시면 내일부터는 여유 있는 한도로 쓰실 수 있을 거예요."

리프레이즈는 실수가 아니라 현명함의 표현이다

내가 이해한 내용을 다시 정리해 확인을 구하는 방식, 즉 '리프레이즈'를 시도하자 대화의 흐름이 완전히 바뀌었다. 복잡한 금융 용어와 난해한 억양이 난무하던 ARS 통화가 거짓말처럼 수

월하게 풀리기 시작했다. 결국 10분의 대기, 10분의 상담, 5분의 처리 과정을 거쳐 25분 만에 신용카드를 다시 사용할 수 있었고, 나는 곧바로 택시를 타고 다음 미팅 장소로 향할 수 있었다.

핵심은 표현이 아니라 태도와 접근 방식이다. 영어 커뮤니케이션이 쉽지 않은 상황에서는 상대방에게 상황을 명확히 설명하고, 정확히 듣지 못했다면 그 사실을 인정한 뒤 자신이 이해한 내용을 정리해서 되묻는 것이 훨씬 효율적이다.

한 언어만 사용하는 환경에서는 '다시 말하기Rephrase'를 거의 하지 않는다. 말귀를 못 알아듣는다는 핀잔을 듣기 싫어서다. 하지만 영어를 사용할 때는 다르다. 우리는 영어가 모국어가 아닌 외국인임을 기꺼이 드러내야 한다.

처음 해보는 일, 처음 접하는 환경에서는 더욱 그렇다. 예를 들어 외국의 이민국에서 등록을 하거나 해외 은행 계좌를 개설하거나, 낯선 나라에서 렌터카를 빌렸다가 벌금 고지서를 받았을 때 당당하게 되묻는 것이 오히려 실수를 줄이는 현명한 방법이다. "지금 한 말을 내가 정확히 이해한 건지 확인해줄 수 있느냐"고 말하는 것은 결코 부끄러운 일이 아니다. 오히려 대충 알아들은 척 넘어가다 보면 훨씬 문제가 커질 수 있다.

이러한 커뮤니케이션 방식은 특히 해외 유학 중이거나 외국 파트너와의 업무 또는 해외 파견 근무를 준비 중인 성인들에게 실질적인 도움이 된다. 예컨대 외국 파트너가 너무 빠른 속도로 자신의 의견을 전달할 때 무력하게 "못 알아듣겠어요 I don't under-stand"라고 말하면 전문성이 떨어져 보인다. 대신 이렇게 말해보라. "제가 들은 내용을 정리해볼게요. 이게 맞나요? Let me summa-rize what you said. Is this correct?"

이 방식은 훨씬 정중할 뿐만 아니라 당신을 '책임감 있게 소통하려는 사람'으로 보이게 만든다. 실무에서 신뢰도를 높이는 고도의 커뮤니케이션 전략인 셈이다.

마무리로 위기의 순간 나를 구해줄 두 가지 핵심 문장을 소개한다.

"Can I just rephrase what you are saying?"
(지금 말씀하신 바를 제가 다시 이야기해봐도 괜찮을까요?)

"So, what I'm hearing from you is this, correct?"
(그러니까 지금 하신 말씀이 이런 내용이라는 것이지요?)

이처럼 단순한 표현 한 줄이 영어로 의사소통이 어려운 상황에서 나를 지켜주는 강력한 무기가 될 수 있다.

13   Secret Note

안 들리는 건 죄가 아니다
ㅡ아는 척하다 사고 치지 말고 '확인'하라

영어 듣기 평가가 아니다. 못 알아들었다고 점수 깎이지 않는다. 진짜 문제는 못 알아듣고도 "Yes, Yes" 하다가 엉뚱한 계약서에 사인하는 것이다. 상대의 말이 안 들리거나 헷갈릴 때는 '반드시' 말을 끊고 들어가라.

"Am I correct that ~ ?"
"So, what I'm hearing from you today is ~."
"My key takeaway from you today is ~."

이 세 문장은 영어 회의에서 '내가 이해한 바'를 다시 정리하고 다음 단계Next Step를 명확히 할 때 가장 효과적이다. 상대의 말을 그대로 반복하지 말고 내 언어로 재구성rephrase해서 확인하면 정확한 소통은 물론 당신의 영어가 훨씬 전문적으로 들린다.
재구성과 명확화Rephrasing & Clarifying, 이 두 가지는 실전 비즈니스 영어의 핵심 기술이다.

Insight   되묻기

• 비즈니스와 생존 현장에서 '감'으로 찍는 건 도박이다. "Let me check if I understand correctly." 이 한마디가 당신의 돈과 시간을 지켜준다. 당당하게 되물어라. 그것이 프로다.

농담

14
농담이 통하면
영어도 통한다

2022년, 홍콩. 나는 금융계의 거물 H와 마주 앉아 있었다. 그는 월스트리트와 홍콩을 오가며 조 단위의 아시아 펀드를 운용하는 50대 투자자였다. 상상할 수 없는 부를 가진 그였지만 겉모습은 충격적일 만큼 소탈했다. 싸구려 티셔츠를 걸치고 지하철로 출퇴근하며, 가까운 거리는 이코노미석을 고집하는 사람. 하지만 50대라는 나이가 믿기지 않을 만큼 날렵한 몸매와 장난기 어린 소년의 미소를 가진, 묘한 매력의 소유자였다.

이 이야기는 그와의 만남을 통해 깨달은 '영어 자존감'에 관한 기록이다.

'미스터 넷플릭스'를 부른 그날 밤

우리의 첫 만남 장소는 다름 아닌 그의 집이었다. 홍콩의 부촌, 빅토리아 피크Victoria Peak 언덕 위에 자리 잡은 그의 펜트하우스. 발아래로 홍콩의 화려한 야경과 검은 바다가 파노라마처럼 펼쳐지는 곳이었다. 그가 나를 초대한 이유는 단순했다. 내가 넷플릭스 출신이고 한국 엔터테인먼트 산업을 잘 안다는 점 때문이었다. 그는 K-팝과 K-드라마의 광팬이었다. 덕분에 나는 홍콩 금융가에서 '미스터 넷플릭스Mr. Netflix'라는 과분한 별명으로 불리고 있었다.

그의 파티는 화려했지만 분위기는 따뜻했다. 샴페인 잔이 부딪히고 음악 소리가 커질 무렵, H는 자신의 '전성기 시절' 이야기를 꺼냈다. "내가 20대랑 30대 초반에 금융권에 있을 때는 말이야⋯⋯ 그때는 진짜 전 세계를 미친 듯이 누비고 다녔지." 그는 한창 무용담에 취해 있었다. "내가 딱 서른한 살이었을 때⋯⋯."

보통 한국인이라면 여기서 고개를 끄덕이며 "Ah, really? Wow"라며 계속 경청 모드를 취했을 것이다. 하지만 나는 본능적으로 이 타이밍을 놓치고 싶지 않았다. 나는 눈을 동그랗게 뜨고 장난스럽게 끼어들었다.

"You were thirty one? Then three years ago?"
(형이 서른한 살이었다고요? 그럼 3년 전이네요.)

나는 그가 실제로 50대라는 걸 알고 있었다. 그러나 그는 항상 유쾌하고 꼰대 기질이 없었기 때문에 그런 농담은 오히려 분위기를 부드럽게 해주었다. 그는 환하게 웃으며 농담을 즐겼고 대화를 이어가며 그 시절의 사진까지 보여주었다. 사진 속 그는 실제로도 멋졌으며, 그 시절 이야기를 즐겁게 풀어냈다.

나는 다시 한번 장난스러운 말투로 말을 던졌다.

"Hey brother, you were popular because you were rich and handsome. That doesn't apply to someone like me."
(에이, 그건 형이 잘생기고 돈 많아서 그런 거죠. 저처럼 가진 거 없고 평범한 놈한텐 안 통한다고요.)

화려한 야경을 배경으로 나눈 그 짧은 농담은, 서툰 영어라도 나다운 색깔을 담았을 때 비로소 상대와 깊이 연결될 수 있다는 소중한 깨달음을 남겼다. 마음이 열리면 귀도 열리고, 언어의 장벽은 자연스럽게 허물어지기 마련이다.

영어로 웃긴 이야기, 굳이 유창할 필요는 없다

그날 밤, 우리는 늦도록 화기애애한 분위기 속에서 파티를 이어갔다. 그 자리에서 친구들 중 몇몇이 내 피부색에 대해 묻기 시작했다. 나는 어릴 적부터 피부가 까무잡잡한 편이다. 그런데 외국인 친구들, 특히 한국인 친구가 많지 않은 이들은 K-팝이나 드라마에서 본, 키 크고 피부 하얀 아이돌만 기억하고 있어서 종종 이런 말을 꺼낸다.

"보경, 넌 왜 K-팝 가수들처럼 하얗지 않니?"

이런 질문이 나올 때마다 나는 곧장 답하지 않는다. 대신 하나의 에피소드를 꺼내며 분위기를 바꾼다.

"잘 들어봐. 내가 동남아로 출장을 자주 가잖아. 국적기를 타면 괜찮은데, 현지 항공사를 타면 꼭 사단이 나. 승무원이 지나가면서 승객들에게 물어봐. 'Chicken or Beef?' 내 앞사람한테도, 옆 사람한테도 영어로 물어보지. 그런데 내 차례가 되면? 승무원이 내 얼굴을 빤히 보더니 갑자기 자기네 나라 말로 묻는 거야! 내가 한국 사람이라고 말하면 당황해서 다시 영어로 물어보지. 심지어 현지 공항에 내리면 현지인들이 나한테 길을 물어본다니까?"

좌중은 폭소를 터뜨렸다. 나는 쐐기를 박았다. "그러니까 K-드라마에 속지 말라구. 한국에도 나처럼 건강한 태닝한 피부_{tanned skin}의 남자도 많다고!"

실제 경험이다. 나는 이런 이야기를 개그맨처럼 표정과 리듬을 살려가며 영어로 전달한다. 영어가 완벽하지 않아도 한국어로도 웃긴 이야기는 영어로도 통한다는 사실을 체감했다. 많은 사람이 "영어 농담을 외워서 써먹어야지"라고 생각한다. 하지만 억지로 외운 '아재 개그'는 분위기를 싸하게 만든다. 가장 강력한 유머는 '내 이야기'다. 내가 겪은 황당한 일, 나의 콤플렉스, 나의 실수담…… 이걸 솔직하고 유쾌하게 털어놓을 때 상대방은 무장해제 된다.

이 책을 통해 내가 지속적으로 전달하고 싶은 핵심 메시지는 단순하다. 영어를 '시험 과목'으로 대하지 말자는 것이다. 영어는 내가 좋아하는 외국인 친구들과 낄낄거리며 떠들기 위한 '장난감'이다. 그 장난감을 가지고 놀다 보면, 어느새 문법과 어휘는 저절로 따라온다. "나 영어 못해"라고 주눅 들지 말고, "나 영어는 못하는데 웃긴 얘기는 많아"라는 태도로 접근하라. 그게 훨씬 매력적이다. 그렇게 영어가 편안한 수준이 되었을 때 더 격식 있는 표현이나 고급 영어로 나아가도 늦지 않다. 그게 바로 실용적인 영어 마인드셋이다.

마지막으로 강조하고 싶은 점이 있다. 소셜 상황에서 농담은 분위기를 푸는 데 효과적일 수 있지만 자칫하면 관계를 망치는 독이 될 수 있다.

가벼운 농담으로 분위기를 부드럽게 만드는 능력도 중요하지만 영어 커뮤니케이션에서는 더욱 신중해야 할 필요가 있다. 영어에는 높임말 체계가 없기 때문에 친한 사이일지라도 농담이 의도와 다르게 받아들여질 수 있다. 특히 서구권에서는 외모, 출신 배경, 인종과 관련된 농담에 매우 민감하게 반응하는 문화가 있다. 듣는 당사자가 웃는다 해도 그 자리에 있는 다른 사람이 불쾌감을 느낄 여지가 있다면, 그 농담은 한 번 더 생각할 필요가 있다.

가장 안전하고 세련된 유머는 '셀프 디스'다. 남을 깎아내리지 말고 차라리 나 자신을 가볍게 망가뜨려라. 내 까만 피부, 서툰 영어 실력, 나의 실수들을 웃음거리로 삼아라. 그러면 사람들은 당신을 '우스운 사람'이 아니라 '유쾌하고 자존감 높은 사람'으로 기억할 것이다.

'동안이네요'는 칭찬이 아니라 '비하'다
— 글로벌 스몰토크의 지뢰밭 피하기

한국식 덕담, 해외에선 '시비'가 될 수 있다. "You look younger!"(동안
이시네요)는 서구권에서 "너 미숙해 보인다Immature"는 뜻으로 오해받기
쉽다. "You look tired"(피곤해 보이네요)는 걱정이 아니라 "너 오늘 상태
엉망이다Ugly"라는 지적으로 들린다. 또한 성소수자, 정치, 종교, 인종 등
민감한 사회 이슈를 농담이나 대화 소재로 꺼내는 건 금물이다.
애매할 땐 이렇게 물어보면 된다.

"Is there any sensitive topic I should be careful about?"
(제가 조금 주의해야 할 민감한 주제가 있을까요?)

사전에 이렇게만 확인해도 대화는 훨씬 안전하고 세련되어진다.

Insight　　**농담**

• 유창한 영어로 지루하게 설교하는 사람보다, 엉터리 영어로 좌중을 빵 터
뜨리는 사람이 비즈니스와 사교계의 진짜 승자가 된다. 문법 걱정은 접어
두고 당신만의 '에피소드'로 분위기를 부드럽게 만들어보자.

15
유창함의 배신: 고수는 '느리게' 말한다

2019년, 넷플릭스 싱가포르. 입사 첫날의 긴장감은 아직도 생생하다. 가장 중요한 일정은 아시아 지역 전체의 인사HR를 총괄하는 디렉터 H와의 미팅이었다. 그녀는 영국 국적의 베테랑으로, 20년 넘게 전 세계를 무대로 활동해온 '전설' 같은 인물이었다. 미팅룸에 들어선 그녀에게서는 범접할 수 없는 아우라가 뿜어져 나왔다. 나는 당연히 그녀가 영국인 특유의 빠르고 날카로운 영어를 구사할 것이라 예상했다. 그 순간 자연스럽게 몸에 힘이 들어가며 바짝 긴장했다.

천천히 말하는 것의 임팩트

보통 영국 사람들은 말이 빠르다고 알려져 있지만 H의 말투는 놀라울 만큼 느렸다. 오히려 영어가 서툰 나보다도 더 천천히 이야기했다. 그 순간 나는 처음으로 '느림'이 주는 기이한 압도감을 체감했다. 궁금증을 참지 못하고 실례가 되지 않도록 조심스레 물었다.

"말씀하시는 속도가 의외로 차분하시네요. 혹시 특별한 이유가 있으신가요?"

그러자 그녀는 인자한 표정으로 이렇게 말했다.

"같은 시간을 쓴다면, 천천히 말하더라도 정확한 의미가 전달되는 편이 나을까? 아니면 빠르게 떠들며 능숙한 척하지만 정작 뜻은 잘 전해지지 않는 편이 나을까?"

평생 기억에 남을 만한 이 중요한 한마디 역시, 한 단어 한 단어 곱씹어가며 천천히 임팩트를 담아 전달했다. 그녀는 이어서 다음과 같이 설명했다.

"말을 천천히 그러나 정확하게 잘하기 위해서는 많은 노력이 필요해. 우선, 말을 꺼내기 전에 자신의 생각을 정리하고, 꼭 전하고 싶은 핵심만 남겨 군더더기 없는 표현으로 재구성해야 해. 말의 순서도 논리적으로 정돈되어야 듣는 이에게 명확하게 전달되고, 대화 시간도 효율적으로 쓸 수 있어. 하지만 대부분은 말하면서 동시에 생각하곤 하지. 그러다 보니 불필요한 추임새나 말이 섞여서 오히려 의사전달이 흐려지는 악순환에 빠지게 돼. 특히 너처럼 외국어로 말할 때는 논리적으로 정리되지 않았을 때 괜히 말을 많이 해서 '영어를 잘하는 척'하게 될 수도 있어. 그러기보다는 깊이 있는 사고와 탄탄한 논리를 바탕으로 천천히 말하는 습관을 한 번 길러보는 게 좋아."

이런 깨달음은 영어에만 해당되는 이야기가 아니다. 우리 주변에서도 쉽게 확인할 수 있다. 예를 들어 토론 프로그램에 출연하는 전현직 정치인들을 보자. 이들은 대부분 말을 잘하기로 정평이 난 사람들이다. 어떤 정치인은 말이 막힘없이 술술 나오고, 상대방이 반박할 틈도 없이 빠르게 요점을 짚으며 여러 논리를 능숙하게 펼쳐낸다. 말의 속도와 분량만 놓고 보면 확실히 압도적이다.

반면에 말솜씨가 그렇게 능란해 보이지는 않지만 오히려 더 신뢰감을 주는 사람들도 있다. 이들은 상대의 말을 먼저 경청하고, 짧지만 무게 있는 말로 천천히 자신의 입장을 전달한다. 때로는 공감하고, 때로는 분노를 드러내며 말의 감정과 진정성을 함께 실어낸다. 대중은 결국 화려한 달변가보다, 다소 느리더라도 핵심을 정확히 짚고 진심이 느껴지는 사람에게 더 오래 지지를 보낸다.

입이 빠른 사람보다 말이 정확한 사람이 이긴다

이번에는 또 다른 사례를 통해 '말하기'에 대한 오해를 짚어보려 한다. 어린 독자들은 잘 모를 수도 있지만 30대 이상이라면 약 20년 전 유행했던 KBS 개그 프로그램 「개그콘서트」 속 '수다맨'을 기억할 것이다. 당시 열한 살이던 박은빈 배우가 개그맨 강성범과 함께 출연한 이 코너에서, 강성범은 엄청난 속도로 끝도 없이 말을 쏟아내는 '수다맨' 캐릭터로 큰 인기를 끌었다. 지하철 노선도를 랩처럼 읊어대던 개그맨 강성범의 빠른 입담은 감탄을 자아냈지만 아무도 그 캐릭터를 보며 '연설의 대가'라고 하지는 않는다. 그건 그저 '재주'에 가깝다.

반대로 말의 속도가 느려도 울림을 주는 사례도 있다. 바로 미국의 제44대 대통령 버락 오바마다. 그는 연설 실력 하나로 전 세계를 사로잡았고 미국 내에서도 명연설가로 평가받는다. 그런데 그의 연설을 유튜브에서 다시 보면 의외로 빠르지 않다는 점을 알 수 있다. 오히려 그는 적절한 순간에 침묵하고, 관중의 반응을 살피며 단어 하나하나에 힘을 싣는다. 완급 조절을 통해 설득력을 극대화하는 고도의 커뮤니케이션 스킬이다. 그 '느림'은 단순한 정지가 아니라 말의 무게감을 더하는 고도의 전략이다.

우리는 종종 비행기 옆자리에서 유창하게 영어를 구사하는 교포나 유학생들을 보며 부러움을 느낀다. 속사포처럼 쏟아지는 영어를 보며 '나도 저 정도로 빨라야 잘하는 거겠지' 하고 생각하게 된다. 그러나 한국에서 영어를 배운 우리 입장에서는 그 수준까지 따라가기가 현실적으로 쉽지 않다. 이럴 때 '영어를 잘한다'는 정의 자체를 다시 생각해볼 필요가 있다.

앞선 에피소드에서 소개한 영국인 H 씨는 내 주변의 교포나 유학생들보다 훨씬 느리게 말하는 사람이었다. 하지만 그녀는 핵심을 정확하게 짚으며, 꼭 필요한 단어만 골라 천천히 그러나 임팩트 있게 자신의 메시지를 전달했다. 그녀의 말하기 방식은 오히려 더 설득력 있었고, 진정성이 느껴졌다.

그날 이후 나는 '말을 막힘없이 빠르게 해야 잘하는 것'이라는 강박을 완전히 버렸다. 대신 중요한 프레젠테이션이나 회의가 있을 때마다 메모지나 원고에 빨간 펜으로 이렇게 써놓는다.

"천천히, 정확하게, 꼭 필요한 말만."

독자 여러분도 이제 '속도'와 '유창함'이라는 짐을 내려놓길 바란다. 당신의 영어가 느린 것은 실력이 부족해서가 아니다. 신중하게 생각을 고르고 있다는 증거다. 정확하고 진정성 있는 '느림의 힘'을 믿어보자.

15   Secret Note

침묵은 최고의 '형광펜'이다
— 말을 더듬지 않고 '있어 보이게' 만드는 기술

이미 영어로 어느 정도 자유롭게 말할 수 있는, '수다맨 단계'에 들어선 독자들에게 필요한 조언이다. 이 단계의 문제는 유창함이 아니라 방향 감각이다. 말은 술술 나오지만, 어느 순간 '내가 지금 무슨 말을 하고 있지?' 하는 불안이 찾아온다. 그럴 때는 '잠시 멈추기'와 '되묻기'를 실천해 보자. 복잡한 표현은 필요 없다. 이 한 문장으로 충분하다.

"If I'm talking too much today, please stop me and ask any
 questions."
(내 말이 너무 길어진다면 편하게 잠시 멈추고 궁금한 점을 알려주세요.)

이 표현 하나면, 상대방에게 당신이 대화를 주도하면서도 배려하는 사람임을 인식시킬 수 있다. 그리고 당신 스스로도 자연스럽게 리듬을 되찾게 된다. 말하기의 진짜 실력은 유창함보다 조절력과 균형감에 있다.

Insight   **속도**

• 쫓기듯 말하지 마라. 침묵을 견디는 자가 대화의 주도권을 쥔다. 느리게
  말할수록 당신의 말은 무거워진다.

16
고급 영어에는
맥락이 있다

이번에는 2017년의 영국 런던으로 가보자. 당시 나는 BCG의 프로보노 프로그램을 통해 런던에 머물 수 있는 기회를 얻었다. 이 프로그램은 빌&멀린다 게이츠 재단, 세계식량계획, 세이브더칠드런 인터내셔널 등 국제 비영리 기관의 자선 활동을 지원하는 프로젝트였다.

내가 소속된 세이브더칠드런 글로벌 본사는 런던 중심부 트라팔가광장에 위치해 있었고, 바로 옆에는 내셔널 갤러리 박물관이 자리했다. 매일 아침이면 갤러리 옆 샌드위치 가게에서 따뜻한 아메리카노 한 잔과 햄치즈 샌드위치를 사들고 사무실로 향하곤 했다.

내 영어가 고급스러워질 줄 알았다

영국 하면 으레 흐린 날씨와 비가 떠오르지만 적어도 내가 거주했던 2016~2017년은 달랐다. 런던 친구들도 이례적으로 맑은 날이 많았다고 인정할 정도로 쾌청한 날씨 속에 주말마다 외출을 즐겼다. 기차를 타고 킹스크로스 판크라스역(한국으로 치면 서울역 같은 중앙역)을 오가거나, 초저가 렌터카를 빌려 런던 외곽 도시를 여행했다.

가장 인상 깊었던 곳은 케임브리지였다. 마침, 당시 미국 유학 중이던 고등학교 친구가 런던을 방문해 내가 머물던 해머스미스의 작은 원룸에서 함께 지냈고, 그의 한국인 후배가 당시 케임브리지에 재학 중이었다. 우리는 그 후배의 안내를 받아 캠퍼스를 둘러봤고, 영화 「해리 포터」에 등장하는 호그와트 식당의 실제 촬영지이기도 한 기숙사 식당도 구경했다.

케임브리지를 포함해 옥스퍼드 등 여러 명문대 캠퍼스를 돌아보며 나도 언젠가 이런 곳에서 공부해보고 싶다는 마음이 생겼다. 그리고 그 결심은 자연스럽게 '토플 공부'로 이어졌다.

나는 한국에서 영국까지 토플 교재를 무려 다섯 권이나 공수해왔다. 시험 특성상 일반 회화나 비즈니스 영어와는 달리 학술적인 어휘와 문장 구조를 폭넓게 익혀야 했다. 단순히 영어를 '잘한다'는 감각이 아니라 대학 강의를 듣고 논문을 이해하고 주장을 펼칠 수 있는 수준의 언어 능력이 필요했기 때문이다.

처음 한 달은 정말 열심히 했다. 런던 지하철 안에서도 단어장을 붙잡고, 퇴근길에는 리스닝 파일을 들으며 귀를 단련했다. 주말이면 기차나 비행기를 타고 교외로 나갈 때도 교재를 챙겨 밑줄을 그으며 공부했다.

하지만 곧 벽에 부딪혔다. 지금까지 접해온 한국식 수능 영어 혹은 토익과는 차원이 달랐다. 어휘량이 방대할 뿐 아니라 동의어·반의어·유의어의 미세한 뉘앙스 차이까지 외워야 했다. 솔직히 말해 이렇게 어려운 단어들을 익히고 나면 내 영어가 어느새 고급스러워질 것이라는 기대감도 있었다.

"이 단어, 나도 처음 본다니까?"

한 달쯤 열심히 토플 공부에 몰두하던 어느 날, 나는 평소처럼 사무실에 도착해 커피와 샌드위치로 아침을 때우며 단어장을 펼쳤다. 그때 동료 R이 다가왔다. R은 스코틀랜드 에든버러 출신의 세이브더칠드런 프로그램 매니저였다. 아동 인권과 전쟁고아 문제에 누구보다 뜨거운 열정을 가진 사람이었고 동시에 사무실에서는 장난기 많고 소탈한 성격으로 모두의 사랑을 받았다.

그녀는 내 책상 위에 놓인 토플 단어장을 흥미롭게 바라보다가 말을 걸었다.

"헤이, 보경. 그거 뭐야? 영어 공부하는 거야?"

나는 웃으며 대답했다. "응. 최근에 케임브리지랑 옥스퍼드에 다녀왔거든. 언젠가 그런 곳에서 공부해보고 싶다는 생각이 들어서. 아직 구체적인 계획은 없지만 영어 실력을 좀 더 끌어올리고 싶어서 공부 중이야. 지금 당장 점수가 필요한 건 아니지만 고급 어휘랑 표현을 익혀두면 언젠가 도움이 될 것 같아서."

R은 한국어를 몰랐지만 내가 어떤 내용을 공부하고 있는지 궁금했던 모양이다. 그녀는 조심스럽게 말했다.

"보경, 혹시 네가 공부하는 책을 내가 한번 봐도 될까?"

"물론이지. 한번 보고 느낌이 어떤지도 알려줘."

나는 단어장과 리딩 파트 교재를 그녀에게 건넸다. 그녀는 책을 받아 들고 몇 분간 조용히 페이지를 넘기며 살펴봤다. 그러고 나서 천천히 고개를 들며 물었다.

"보경, 이 공부를 하는 이유가 뭐야? 실력을 조금 더 키우고 싶어서야? 아니면 진학을 위해 점수가 당장 필요한 거야?"

나는 그녀가 왜 그런 질문을 하는지 궁금해졌다.

"왜? 뭔가 이상해 보여?"

그녀는 깔깔 웃으며 말했다.

"지금 네 단어장에 있는 단어들, 나 평생 살면서 거의 써본 적 없어. 뭐랄까, 바다 건너 괴짜 교수들이 논문에나 한두 번 썼을 법한 단어들을 억지로 긁어모은 느낌이야. 나는 영국에서 대학을 나왔고, 다양한 책이랑 논문도 읽어봤지만 이런 단어들은 거의 안 써. 이건 철저히 '시험용 언어'지, 소통을 위한 영어는 아니야. 실력 키우겠다면서 왜 이런 '죽은 영어Dead English'를 파고 있어?"

원어민들이 추천한 '진짜 고급 영어' 공부법

머리를 한 대 맞은 기분이었다. 원어민조차 '처음 본다'고 할 만큼 실생활과 동떨어진 단어들을, 나는 '고급 영어'라 믿고 외우고 있었던 것이다. 내가 당황해하자 R은 진지하게 조언했다. "당장 대학원 갈 거 아니면 방향부터 바꿔. 학문 용어보단 비즈니스 현장에서 통하는 세련된 표현을 익히는 게 훨씬 낫지 않겠어?"

그녀의 말에 주변에 있던 다른 영국인 동료들도 모여들었다. 그들은 내 단어장을 돌려보며 킬킬거렸고 하나같이 입을 모아 대안을 제시했다.

"진짜 고급 영어를 배우고 싶다면 단어장 대신 『이코노미스트』나 『블룸버그』를 읽어."

이유는 명쾌했다. 경제, 경영, 정치 분야의 최고 지성인들이 쓴 글이야말로 군더더기 없이 명확하고 실무에서 즉시 활용 가능한 '살아 있는 교과서'라는 것이다.

생각해보니 그랬다. 우리도 한국어 실력을 높이겠다고 국어 능력시험 문제집을 풀진 않는다. 대신 신문 사설이나 좋은 칼럼을 읽으며 어휘력을 키운다. 영어도 마찬가지였다. 시험용 언어가 아닌 현장의 언어를 배워야 했다.

고급 어휘는 시험이 아니라 '현장'에서 배운다

그날 이후 나는 토플 교재를 덮고 R의 조언을 따르기로 했다. 막연한 암기 대신 명확한 목적을 가진 '읽기'를 시작한 것이다. 몇 년이 지난 지금, 월스트리트의 펀드매니저들과 일하며 깨달은 사실은 명확하다. 그때 외웠던 난해한 토플 단어들은 실무에서 단 한 번도 들어본 적이 없다. 반면, 『이코노미스트』나 『블룸버그』 기사에서 접했던 표현들은 회의 때마다 반복적으로 등장하며 내 언어의 품격을 높여주었다.

꼭 경제지가 아니어도 좋다. 과학도라면 『네이처』를, 패션 종사자라면 업계 전문지를 읽으면 된다. 중요한 건 '내가 속한 분야의 전문가들이 쓰는 언어'를 익히는 것이다.

자신이 속한 분야를 대표하는 매체를 정기적으로 읽으며, 반복적으로 등장하는 표현이나 업계 특유의 문장 구조를 파악하고, 그중 중요하거나 인상적인 표현을 형광펜으로 표시해 나만의 단어장을 만들어가는 방식은 실용성과 지속 가능성을 모두 갖춘 학습 전략이다.

1부를 통해 독자들은 이미 영어 학습에 대한 기본적인 마인드셋을 다졌다. 이제는 한 단계 더 나아가, '어휘의 고급화'를 추구할 시점이다. 이 과정에서 가장 먼저 점검해야 할 것은 '내가 왜 고급 영어를 배우려 하는가'에 대한 목적 의식이다. 그 목적이 분명하다면 그에 맞는 콘텐츠가 무엇인지도 자연스럽게 정리된다. 학문을 위한 영어인지, 비즈니스를 위한 영어인지 혹은 일상 대화의 품격을 높이기 위한 것인지에 따라 독서 매체와 접근 방식은 달라질 수 있다.

16   Secret Note

**노포 맛집처럼 꾸준히, 아침 운동처럼 리듬 있게
ㅡ영어 뉴스 습관 들이기**

출근길 15분, 영어 뉴스를 듣는 루틴을 만들어보자.
『이코노미스트』, 블룸버그, CNBC, NPR, BBC 등 자신에게 맞는 채널을 하나 정해 꾸준히 듣는 것이 핵심이다. 특히 취준생이나 직장인이라면 자신의 커리어와 연결된 분야, 즉 패션, 브랜드, 테크, 엔터테인먼트, 정치, 재테크 중 한 영역을 선택하라. 관심 있는 주제를 꾸준히 들으면 영어뿐 아니라 사고의 깊이도 함께 성장한다.
처음엔 아리랑TV나 TBS eFM처럼 부담 없는 영어 채널로 시작하라. 짧은 뉴스 클립으로 귀를 풀고, 점차 심화된 콘텐츠로 확장해가면 된다. 이 루틴이 쌓이면 어느 순간 귀가 열리고, 영어가 일상의 소리로 자연스럽게 스며든다.

Insight   어휘

- 어려운 단어를 사용한다고 해서 고급 영어는 아니다. 자주, 정확히 쓰이는 단어가 진짜 고급 어휘다. 현학적인 표현은 과감히 버리자.

17
홍콩 파티장에서 배운 소통의 본질
상대를 주인공으로 만드는 '질문의 기술'

타고난 '인싸'(E형 인간)가 아닌 이상, 한국 토박이들에게 서구권의 칵테일 파티는 부담 그 자체다. 정해진 시간에 자리에 앉아 예를 갖추고 대화를 시작하는 동북아 문화권과 달리 서구권에서는 본식 전에 30분에서 1시간 정도 다과와 함께 자유롭게 인사를 나누는 시간을 갖는다. 이것이 그들의 '예절'이지만 나에게는 '고문'이었다.

컨퍼런스의 디너 이벤트나 결혼식 식전 행사로 자주 열리는 이 파티는 서구권에선 일상적인 문화다. 참석자들은 핑거푸드나 치즈, 가벼운 칵테일을 들고 주변 사람들과 인사를 나누며 서로를 소개받는다. 그러나 이런 분위기에 익숙하지 않은 이들에게는 시작부터 심리적 장벽이 생긴다.

스탠딩 파티의 가장 큰 장벽은 '시끄러움'이다. 수십, 수백 명이 동시에 떠들고 웃으며 잔을 부딪히는 소리가 뒤섞인다. 마치 북적이는 시장 한가운데에 홀로 서 있는 듯한 느낌이 든다. 그 속에서 자신만 영어가 서툰 것처럼 느껴지고 누군가 말을 걸어올까 봐 곁눈질하며 전전긍긍한다.

게다가 가볍게 마신 칵테일 한 잔으로 약간의 취기가 돌기 시작하고, 상대방의 발음도 평소보다 더 불분명해진다. 어떤 사람은 음식을 먹으며 말하다 보니 말소리가 더욱 뭉개지는 듯 느껴지기도 한다. 둘러보면 나 빼고 다들 '절친'처럼 보여 더 쪼그라든다(사실 알고 보면 걔들도 서로 모른다). 어딘가에서 본 듯한 얼굴이 보여도 열의 아홉은 이름이 가물가물하다. 유리잔이 부딪히는 소리, 웃음소리와 대화소리가 뒤엉킨 혼잡한 분위기 속에서 문득 이 자리를 벗어나고 싶다는 충동이 들기도 한다.

"Sorry, I forgot, but what was your name again?"
(네 이름이 뭐였더라?)

"Sorry, but what / where do you work for?"
(네가 어디서 일한다고 했더라?)

사실 나 자신도 외국계 기업에서 10년 넘게 일했지만 여전히 스탠딩 파티는 익숙하지 않은 문화다. 그래서 이번 글은 이런 상황을 마주했을 때 어떻게 슬기롭게 대처할 수 있을지를 함께 나누고자 한다. 평소 이런 칵테일파티나 스탠딩 파티를 즐기는 사람이라면 굳이 이 글을 읽지 않아도 된다. 이번 편은 미국 유학을 준비하거나 해외에서 일하는 사람 또는 주재원으로서 대규모 소셜 이벤트에서 '살아남기' 위해 애쓰는 이들을 위한 작은 팁으로 생각하면 좋겠다.

말을 잘하는 사람보다, 잘 들어주는 사람

2018년은 내가 BCG에서 프로젝트 매니저로 승진한 해였다. 승진 첫 해에는 아시아 지역의 매니저 승진자들이 함께 모이는 교육 프로그램에 참석해야 했다. 교육은 아침 9시부터 저녁 6시까지 촘촘하게 진행되었고, 이후에는 전원이 참석하는 저녁 식사 자리가 이어졌다. 저녁 식사는 보통 7시쯤 시작되었고, 그에 앞서 6시부터 7시까지는 다과와 샴페인이 제공되는 간단한 소셜 이벤트가 열렸다. 나는 이런 자리가 늘 어렵고 불편했다. 서툰 영어로 모르는 사람들과 무슨 얘길 해야 할지 몰라 속으로 끙끙 앓곤 했다.

2019년 넷플릭스로 이직한 후에는 미국 LA 헐리우드에 위치한 넷플릭스 본사에서 열린 워크숍에서 훨씬 더 큰 규모의 칵테일 스탠딩 파티를 경험했다. 이럴 때마다 내가 써먹은 '치졸하지만 확실한' 생존 전략이 있다. 우선 파티 시작 시간에 맞춰 현장에 도착해 주요 인사들과 간단히 인사를 나눈다. 그러고는 다른 사람들과도 인사를 더 하겠다며 자연스럽게 자리를 빠져나온다. 물론 곧장 숙소로 돌아가지는 않는다. 그랬다간 나중에 "왜 도망갔냐"는 핀잔을 듣기 십상이니까. 대신 행사장 근처 카페나 조용한 곳에 숨어 유튜브나 웹툰을 보며 시간을 보낸다. 분위기가 어느 정도 무르익고 사람들이 취기가 오른 시점쯤 다시 행사장에 돌아간다. 이후에는 다른 참석자들과 자연스럽게 어울리는 척하며 인사를 나누고 조용히 마무리한다. 비겁해 보이지만 그런 방식으로 그 시간을 무사히 넘기곤 했다.

비교적 최근인 2024년 12월의 홍콩으로 시선을 옮겨보자. 이번 이야기의 주인공은 캐나다 출신의 K 씨다. 그는 회계사 출신으로 현재는 미국계 헤지펀드의 아시아 본부에서 중역으로 일하고 있다. K 씨는 홍콩 항공사에 근무 중인 여자친구와 십여 년의 긴 연애 끝에 12월 홍콩의 한 호텔에서 결혼식 파티를 열었다. 나는 그의 가장 가까운 한국인 친구로 이 자리에 초대받았다.

잘 입지 않던 고급 정장과 넥타이를 꺼내 입고 홍콩 어드미럴티역 인근에 위치한 머레이 호텔로 향했다. 호텔에 도착했을 때 이미 60~70명가량의 하객들이 한 손에 칵테일 잔을 들고 삼삼오오 인사를 나누며 북적였다. K 씨는 나를 반갑게 맞이했고 파티장에 있던 많은 손님에게 일일이 나를 소개해주었다. 10명쯤 인사하고 나니 슬슬 자괴감이 몰려왔다. 앵무새처럼 내 소개를 반복하고 한국 정치나 K-팝에 대한 질문에 답하는 게 지겨웠다.

그때 문득 아이디어가 떠올랐다. '내가 왜 굳이 내 얘기를 해야 하지? 남이 자기 얘기를 하게 만들면 되잖아?' 나는 수비수에서 공격수로 태세를 전환했다. 내 앞에 있는 N이라는 사업가에게 질문 폭격을 시작했다.

"창업하신 회사가 요즘 핫하다면서요? 처음에 어떻게 그런 아이디어를 떠올리셨어요?"

"사업하면서 제일 힘들었을 때가 언제였나요? 동업자랑 싸운 적은 없어요?"

"큰돈을 벌었을 때 기분이 어땠나요? 스트레스는 어떻게 푸세요?"

이렇게 멍석을 깔아주자 상대는 자신이 잘 아는 이야기, 말하고 싶었던 경험들을 풀어내기 시작했다.

이야기에 등장하는 N는 주인공 K의 친구이자 파티 손님 중 한 사람이었다. 그는 자신이 설립한 투자회사를 운영하고 있었다. 처음엔 서로 관심도 없는 정치 얘기나 하다가 내가 성공담에 관심을 보이자 그는 눈을 반짝이며 반색했다.

이야기는 꼬리에 꼬리를 물었고, 흥미진진한 에피소드들이 쏟아져나왔다. 창업 초기 동업자와의 갈등으로 회사를 쪼갠 일,

거액을 들여 스카우트한 직원이 사고 친 일, 주식시장 호황 덕에 떼돈을 번 시절 등 파란만장한 경험담이 줄줄이 이어졌다.

이야기를 마무리하며 그는 명함을 건넸고, 나중에 따로 만나 좀 더 깊이 이야기해보자며 연락처를 주었다. 우리는 그렇게 친구가 되었다. 다음에 그를 다시 만나더라도 억지로 이름이나 회사를 떠올릴 필요가 없을 것이다. 나는 그의 흥미진진한 창업 스토리를 통해 그를 자연스럽게 기억하게 될 테니 말이다.

스탠딩 파티의 공포를 이기는 법은 간단하다. 영어로 나를 어필하려 애쓰지 마라. 그건 너무 힘들다. 대신 상대방이 '자기 자랑'을 하게 멍석을 깔아줘라. 인간은 누구나 자기 얘기를 들어주는 사람을 사랑하게 되어 있다. 당신은 그저 우아하게 샴페인이나 홀짝이며 들어주면 그만이다. 그것이 최고의 영어 소통이다.

'말하는' 사람에서 '연결하는' 사람으로

방금 나눈 대화를 돌아보자. 여기엔 거창한 자기자랑도, 화려한 영어 표현도, 유창한 스피치 스킬도 없었다. 그럼에도 이 대화는 그동안 파티장에서 나눴던 그 어떤 영혼 없는 가십보다 훨씬 생산적이고 깊이가 있었다. 무엇보다 큰 수확은 내가 더 이상 도망치지 않았다는 사실이다. 예전처럼 화장실에 숨거나, 구석에서 휴대폰만 만지작거리는 '치졸한 전략'을 쓰지 않고도 파티를 온전히 즐길 수 있었다.

파티장은 시끄럽고, 모두가 자기주장을 하느라 바쁘다. 사람들은 자신의 자랑만 늘어놓는 상대에게 지쳐 있다. 이런 상황에서 누군가 다가와 진심 어린 눈빛으로 "당신의 이야기가 궁금해요"라고 묻는다면? 그건 사막의 오아시스나 다름없다. 상대방은 무장해제 되고, 대화는 활기를 띠게 된다.

이 에피소드는 단순히 파티에서 살아남는 법을 다루지 않는다. 핵심은 "영어를 유창하게 쏟아내야 한다"는 강박을 버리는 것이다. 그 강박에서 벗어나야 비로소 영어가 '시험 과목'이 아닌 '연결의 도구'로 보이기 시작한다. 이것이 이 책 전체를 관통하는 가장 중요한 메시지이기도 하다.

영어가 서툴러서 입을 떼기 두려운가? 그렇다면 전략을 바꿔라. 어설픈 '스피커'가 되려 하지 말고, 상대를 주인공으로 띄워주는 '적극적인 MC'가 되어라. 그러면 사람들은 당신을 '영어를 못하는 외국인'이 아니라, '나를 알아주는 속 깊은 친구'로 기억할 것이다. 이것이 바로 말주변 없는 우리가 소란스러운 세상과 가장 우아하게 소통하는 생존법이다.

17   Secret Note

소셜 파티·네트워킹: 나만의 에피소드 2개를 준비하라

스몰토크의 핵심은 유창함이 아니라 기억에 남는 이야기다. 파티나 네트워킹 자리에서 영어로 자기소개를 할 때 상대가 나를 어떤 키워드로 기억하면 좋을지 먼저 정해보자.

예를 들어 나는 이렇게 2가지 에피소드를 준비했다. 하나는 27세까지 영어 한마디 못 하던 시절의 이야기, 또 하나는 넷플릭스 「오징어 게임」 프로젝트에 참여했던 경험이다. 이 두 이야기를 통해 나는 '도전적인 한국인, 흥미로운 스토리를 가진 사람'으로 기억된다.

당신도 자신만의 이야기를 찾아보자. 섬마을에서 자란 소녀일 수도, 군대에서 일등사수였던 남자일 수도 있다. 어떤 이야기든 진솔함과 유머가 담겨 있다면 그건 완벽한 스몰토크 소재다. 미리 두 가지 에피소드를 영어로 정리해두면 어떤 자리에서도 자연스럽게 자신을 표현할 수 있다.

Insight   소셜

- 사람이 많은 자리가 부담스럽다면, 잠시 벗어나 숨을 고르자.
- 라운드 테이블처럼 빠져나오기 어려운 자리라면, 숨기보다는 뻔뻔하게 물어보자. 상대가 말을 많이 하도록 유도하는 게 오히려 최고의 방어다.

도구

18

말이 막힐 땐
보드 마커를 꺼내라:
도구로 말하는 법

"Hey M, you do this till this, I do this till this. This one and this one are the key points to success. OK?"
(이봐 M, 너 이거 이때까지 하고, 내가 이거 이때까지 할게. 이 2개가 핵심이야. 알았지?)

이 표현은 지금도 내가 업무 중 자주 사용하는 말이다. 문법적으로 보면 참혹하다. 주어도 동사도 불분명한 초등학생 수준이지만 '원래 영어를 잘하지 않았던' 사람들에게는 단어가 즉각 떠오르지 않아도 의사소통이 가능한 실용적인 방식이다.

생각해보면 우리는 어릴 적부터 칠판이나 화이트보드를 사용하는 선생님들에게 배웠고, 직장에서도 회의 중에 답답하면 화이트보드나 A4 용지 뒷면이라도 꺼내 도식이나 그래프를 그리며 설명하곤 했다. 그런데 희한하게 영어만 쓰려고 하면 손발이 묶인다. '영어로 잘해야 한다'는 강박 때문에 정작 가장 강력한 무기인 '시각화'를 잊어버리는 것이다.

머릿속이 복잡할수록, 칠판은 단순해져야 한다

다시 2013년의 홍콩으로 가보자. 첫 번째 에피소드에 등장했던 인도인 S 씨가 다시 등장한다. 이번 이야기는 그 시절 우리 팀의 부팀장이자 나의 사수였던 G 씨에 관한 이야기다.

출근 첫날부터 팀장 S 씨와 부팀장 G 씨는 팀워크가 그리 좋아 보이지 않았다. G 씨는 중국에서 제법 큰 사업체를 운영하는 부모 아래서 자란 외동딸로 유년기부터 수천만 원에 이르는 보딩스쿨을 거쳐 아이비리그 명문대학을 졸업한 정통 엘리트였다. 인도인 S 씨 또한 인도 내 최상위 엘리트 코스를 밟은 부유한 가정 출신이었지만 해외 유학 경험은 없었다.

G 씨는 영미권 교육방식에 익숙해 대화와 토론으로 문제를 해결하는 데 능했고, 유학 시절 익힌 고급 어휘와 유려한 표현으로 논리적인 대화를 선호했다. 반면 S 씨는 문제가 생기면 먼저 펜을 집어 드는 유형이었다.

두 사람이 하나의 사안에 대해 의견이 엇갈릴 때면, 기본 30-40분은 회의실에서 열띤 논쟁을 벌였다. 그럴 때마다 S 씨는 G 씨를 데리고 회의실로 들어가 화이트보드 가득히 그림을 그리고, 부족하면 유리벽과 A4 용지까지 동원해가며 의견 차를 좁히기 위해 시간을 썼다. 두 사람 모두 영어를 원어민에 가깝게 구사했지만 각각 중국어와 힌디어를 모국어로 가진 사람들인 만큼 영어라는 공통어로 복잡한 사안을 논의할 때는 시각 자료와 보완 도구가 필요했던 것이다.

이 방법이 "영어를 못하는" 우리 같은 사람들에게도 실제로 도움이 될까? 이번 이야기는 내가 선후배들과 함께 창업한 작은 스타트업에서 자주 벌어지는 상황이다. 이 스타트업은 2021년에 의과대학 교수님들, 나 그리고 몇 명의 젊은 창업자들이 함께 만든 국제 진료 플랫폼 회사다. 사무실은 서울 강남의 언주역 인근에 위치해 있다. 이곳엔 '터줏대감'처럼 자리 잡은 외국인 동료가 한 명 있다. 그의 이름은 M이며, 캐나다 출신이다.

M은 전 세계를 돌며 새로운 사업 기회를 발굴해온 사업개발 전문가다. 한국에서 비즈니스 파트너들을 만나고 결혼까지 하게 되면서 완전히 한국에 정착한, 말 그대로 '대한외국인'이다. 그는 동시에 서너 개의 프로젝트를 진행하고 십수 명의 파트너와 관계를 조율하는 대외협력 전문가이기도 하다. 그만큼 항상 머릿속이 복잡한 편이다.

어느 날, 우리는 사무실에 앉아 7~8개의 프로젝트를 어떻게 병행 관리할지 논의하고 있었다. 따뜻하게 내온 커피가 다 식을 만큼 2시간이 넘도록 쉬지 않고 토론이 이어졌다. 원어민인 M은 늘 그렇듯 자신이 떠올린 복잡한 아이디어들을 속사포처럼 쏟아냈고 나의 뇌는 어느 순간 한계에 도달하고 말았다.

"Hold on, hold on, M. There are so many things to talk about right now that I'm getting confused. Let's sit down and take our time to go over everything we've discussed so far and write them all out on the whiteboard."

(잠깐만, M. 지금 얘기하는 게 너무 많아서 정리가 잘 안 돼. 우리 앉아서 여태까지 나온 얘기를 화이트보드에 차근차근 정리해보자.)

관념적이고 추상적인 이야기를 말로만 풀다 보면 대화는 서로 평행선을 그을 수밖에 없다. 말이 길어지고 상대와 내가 말하고자 하는 바가 다를수록 대화는 점점 산으로 가기 마련이다. 특히 모국어가 아닌 영어로 진행되는 회의에서는 의미 전달이 불완전해질 수 있어 더욱 집중력이 요구된다.

그날 우리는 2시간 가까이 나눈 수많은 아이디어와 실행 계획을 화이트보드에 하나하나 써 내려갔다. 핵심 내용에는 동그라미를 치고, 1번, 2번, 3번 번호를 매기며 정리했다. 아이디어와 실행안은 네모로 구분했고, 흐름과 관계를 그렸다 지우기를 반복하며 화이트보드를 빼곡히 채웠다. 그리고 각 항목에 우선순위를 매기고 일정에 맞춰 정리했다.

그렇게 정리된 후, 앞에서 말한 문장이 자연스럽게 흘러나왔다. "Hey M, you do this till this, I do this till this. This one and this one are the key to success. OK?"

토론이 길어질수록 종종 한국어도 무의식중에 튀어나왔다.

"아니! No! No! 이거 is important, you know what I mean? 오케이?"

이런 문장은 초등학생도 알아들을 수 있을 만큼 단순한 구조다. 그럼에도 맥락을 함께 공유한 상대는 우리가 말하고자 하는 바를 대부분 정확하게 이해한다.

이처럼 간단한 영어로도 우리는 각자의 의견 차이를 좁히고 실질적인 합의에 도달할 수 있었다. 그리고 정리된 화이트보드 내용을 휴대폰으로 촬영해 카카오톡으로 공유하면서 회의를 마무리했다.

완벽한 영어보다 효과적인 전달

이 이야기를 읽고 불편해하는 독자도 있을 것이다. 특히 자녀에게 '고급 영어'를 가르치고 싶은 부모님이라면 "그래서 엉터리 영어를 쓰라는 거냐?"라고 반문할지도 모른다. 내 대답은 "그렇다"이다. 만약 그 엉터리 영어가 '소통'이라는 목적을 달성한다면 말이다.

우리는 '영어를 잘해야 한다'는 강박 때문에 스스로 손발을 묶는다. 한국어로 회의할 때는 자연스럽게 쓰던 보드 마커, 포스트잇, 아이패드를 영어 회의에서는 전혀 활용하지 못한다. 언어에만 매몰되어 비언어적 무기를 놓치는 것이다. 하지만 기억하라. 도구는 언어의 구멍을 메워주는 최고의 시멘트다.

물론 UN 총회 같은 격식 있는 자리에서 칠판에 낙서를 할 수는 없다. 그럴 땐 잘 준비된 유인물Handout을 쓰면 된다. 하지만 대부분의 비즈니스 미팅은 생각보다 캐주얼하다. 주저하지 말고 이렇게 요청하라.

"Can I use this whiteboard? I believe it would make our discussion more effective."

(이 화이트보드 좀 써도 될까요? 설명하는 데 도움이 될 것 같아서요.)

이 한마디가 당신을 '말 못하는 외국인'에서 '적극적인 소통가'로 바꿔놓는다.

이 책을 관통하는 핵심 메시지는 하나다. 영어는 모셔두고 감상하는 '도자기'가 아니다. 필요할 때 꺼내 쓰는 '망치'나 '드라이버'다. 망치질을 하는데 폼이 좀 엉성하면 어떤가? 못만 제대로 박히면 그만이다.

우리는 비원어민Non-native이다. 이것은 약점이 아니라 '특권'일 수 있다. 아무도 우리에게 원어민 수준의 유려한 문법과 발음을 기대하지 않는다. 오히려 우리가 서툰 영어로 땀 뻘뻘 흘리며 화이트보드에 그림까지 그려가며 설명할 때, 상대방은 그 '열정'과 '노력'에 감동한다. "내 영어가 완벽하지 않으니 도구를 써서라도 이해시키겠다"는 그 태도. 그것이 진짜 프로의 자세다.

이제 머리와 입 사이에 있는 거대한 '검문소'를 철거하자. 완벽하지 않아도 좋다. 그려서라도, 써서라도, 온몸을 써서라도 전달하라. 그 뻔뻔함이 당신을 다음 레벨로 이끌어줄 것이다.

말문이 막히면, 입을 닫고 '손'을 써라
─ 언어의 공백을 메우는 '비주얼 스피킹_{Visual Speaking}'

보드 마커, 아이패드, 혹은 A4 크기의 큰 노트를 하나 준비해두자. 이 방법은 단순한 회의뿐 아니라 채용 인터뷰나 해외 대학 인터뷰에서도 유용하다. 말이 막히면 당황한 티를 내지 말고 이렇게 해보자.

화이트보드나 노트에 X축과 Y축을 그리며 구조를 설명하는 척 시간을 벌자. 그림을 가리키며 "This one goes here, and here it makes this"처럼 콩글리시가 섞여도 괜찮다. 의미는 충분히 전달된다.

소규모 미팅이라면 보드 마커로 벽의 화이트보드를 활용하고, 그럴 수 없다면 아이패드나 큰 노트에 시각적으로 보여주면 된다. 준비해온 PPT를 그대로 읽는 것보다 훨씬 생동감 있고, 상대의 집중도를 높이는 실전형 커뮤니케이션 방식이다.

Insight 　도구

- 말이 막히면 눈앞의 도구를 활용하자. 종이, 펜, 화이트보드 위에 간단히 도식화하고 "This, That, OK?" 세 단어로 정리해도 통한다. 언어보다 중요한 건 의사소통의 의지다.

19

'원어민 감각'을 만드는 건 단어가 아니라 뉘앙스다

영어 공부 좀 해본 사람이라면 지겹게 봤을 단어들이 있다. 'Despite'와 'Though'. 사전을 찾으면 둘 다 "~임에도 불구하고"라고 나온다. 문법책은 'Despite는 전치사, Though는 접속사'라고 기계적으로 가르친다. 그래서 우리는 이 둘을 동의어라고 생각하고 막 섞어 쓴다.

하지만 내가 15년간 외국계 기업에서 수천 장의 리포트를 쓰며 깨달은 충격적인 사실이 있다. 원어민들에게 이 두 단어는 그 쓰임새와 느껴지는 '온도'가 다소 상이하다는 것이다. 이 차이를 모르면 당신은 슬픈 상황에서 웃는 표정을 짓는 사람처럼 '눈치 없는 영어'를 하게 된다.

이번 에피소드는 내가 월스트리트 투자회사에서 애널리스트로 근무하면서 표현을 고쳐주던 파란 눈의 미국 대학 영문과 박사 출신의 에디터 분들에게 어깨너머 배운 내용이다.

같은 말, 다른 느낌: 영어 뉘앙스에 눈뜨는 순간

이 차이를 뼛속 깊이 새기기 위해, 2025년의 어느 혹독한 겨울날로 가보자. 체감온도 영하 20도. 눈은 10센티미터나 쌓였고, 독감이 유행하는 최악의 날씨다.

[상황 A] 미친 학교의 강행군

모든 학교가 휴교령을 내렸다. 그런데 A 초등학교는 미쳤다. 교장 선생님이 "눈 오는 날의 추억을 만들자"며 뒷산으로 현장학습을 강행했다. 학부모들은 분통을 터뜨렸지만 학생들은 울며 겨자 먹기로 산을 올랐다.

→ 이건 '충격'이고 '부조리'다. 날씨와 행동이 정면으로 충돌한다. 이때 쓰는 단어가 'Despite'다.

Despite the heavy snow, they went to the mountain.

(그 폭설에도 불구하고[미쳤지!], 그들은 산에 갔다.)

[상황 B] 철없는 아이들의 축구

같은 날씨, B 초등학교 운동장. 휴교 소식에 신난 남자아이들이 축구공을 들고 나왔다. 춥든 말든 녀석들은 신나게 뛰어논다. 날씨는 그저 배경일 뿐 아이들의 열정을 막지 못한다.

→ 이건 '배경'이고 '상황'이다. 날씨가 춥긴 했지만 행동이 이어지는 데 큰 방해가 되진 않았다. 이때 쓰는 단어가 'Though'다.

Though it was snowing, the kids played soccer.
(눈은 좀 왔지만[그건 그렇고], 애들은 축구를 했다.)

느낌이 오는가? 한국어로는 둘 다 '불구하고'이고 영어의 뉘앙스는 눈치채기 쉽지 않지만 유의미한 차이가 있다.

- Despite: "벽을 뚫고" 지나가는 느낌. 앞의 상황이 뒤의 결과를 강력하게 방해하지만, 그걸 뚫어냈다는 '반전'과 '강조'의 뉘앙스다.
- Though: "벽지를 바르는" 느낌. 앞의 상황은 그저 배경으로 깔아두고, 뒤의 이야기를 자연스럽게 이어가는 '중립적'인 뉘앙스다.

비즈니스 메일에서 "당신의 바쁜 일정에도 불구하고 Despite

와주셔서 감사합니다"라고 쓰면, "네가 정말 오기 힘든 거 아는데 억지로 와줬구나"라는 깊은 감사가 느껴진다. 반면 "Though"를 쓰면 "너 바빴을텐데, 와줘서 고마워" 정도의 가벼운 인사가 된다. 이 '한 끗 차이'가 당신의 영어를 세련되게 만든다.

'Smart'한 것과 'Clever'한 것은 다르다

하나 더 보자. '똑똑하다'는 뜻의 Smart와 Clever. 단어장에는 동의어로 나오지만 원어민이 느끼는 맛은 전혀 다르다.

- Smart: 지능IQ이 높은 것. 상황 판단이 빠르고 본질을 꿰뚫는 '지적인 능력'이다.

  (예: 두 살배기가 숫자를 셀 때 → "Wow, so smart!")
- Clever: 잔머리를 잘 굴리는 것. 기발하거나 요령이 좋은 '방법론적 능력'이다. 때로는 "교활하다"는 부정적 뉘앙스로도 쓰인다.

  (예: 숙제를 안 하고도 혼나지 않는 법을 찾아냈을 때 → "He is clever.")

아이에게 "You are clever"라고 칭찬하면, 원어민은 고개를 갸웃할 수도 있다. "애가 벌써 잔머리를 굴리나?" 이처럼 우리는 단어의 사전적 의미Definition가 아니라, 그 안에 담긴 '감정Emotion'을 읽어야 한다.

이렇듯 영어 실력이 궤도에 오르면, 더 이상 단어를 외우는 건 의미가 없다. 이제는 단어를 '골라 쓰는' 단계로 넘어가야 한다. 마치 옷을 입을 때 TPO(시간, 장소, 상황)에 맞춰 넥타이를 고르듯 상황에 딱 맞는 단어를 직관적으로 꺼내는 능력, 그것이 바로 우리가 그토록 부러워하는 '원어민 감각'이다.

단어장을 덮고 문맥을 읽어라. 단어가 가진 '표정'과 '온도'를 느끼기 시작할 때 당신의 영어는 비로소 '학습'의 단계를 넘어 '언어'의 단계로 진화한다.

중급 영어에서 고급 영어로, 뉘앙스의 문을 여는 방법

조금 더 고급 수준의 업무 영어에서 '뉘앙스'가 왜 중요한지를 실제 사례를 들어 이야기해보자.

내가 넷플릭스에 근무하던 2020년은 한국 사업이 수많은 성공작을 앞세워 눈부신 성장을 이루던 시기였다. 그러나 빛이 있으면 그림자도 있는 법이다. 빠르게 성장하는 과정에서는 의견이 엇갈리기도 하고, 격렬한 토론과 진지한 호소, 때로는 불필요한 언쟁도 벌어지기 마련이다.

특히 자신이 재미있다고 믿는 작품을 소개할 때는 논쟁이 불가피하다. 개봉 전에는 성공 여부를 수치로 예측하기 어려운 엔터테인먼트 산업의 특성상 사람들은 나름의 기준으로 될 작품과 안 될 작품을 속으로 판단하게 된다. 이런 상황에서는 자연스럽게 열띤 논쟁이 벌어질 수밖에 없다. 내부에서는 "이 작품이 터진다, 안 터진다"를 두고 매일 격렬한 논쟁이 벌어졌다. 나와 친한 동료였던 A와 B도 그런 경우였다. 두 사람은 각자의 순수한 의도를 바탕으로 작품을 지지했고, 결국 치열한 토론 끝에 늘 그렇듯 서로 잘 화해하곤 했다.

그런데 이 '화해'라는 단어에도, 영어에서는 여러 표현이 존재한다. 우선 'make up'이라는 표현이 있다. 이는 구어체에서 자주 쓰이는 표현으로, 주로 친구나 연인 사이에 갈등이 생긴 후 다시 원래의 친밀한 관계로 돌아갔다는 의미로 사용된다.

다음은 'reconcile'이다. 'make up'이 관계 자체의 회복에 초점을 둔다면 무너진 관계의 질서를 바로잡거나 해소되지 않았던 논리적·상황적 충돌을 정리하는 데 더 집중한다. 따라서 연인이나 친구뿐 아니라 학교나 직장 등에서 감정이 상한 상태에서의 전형적인 화해 상황에 잘 어울린다.

이 외에도 'compromise'라는 표현이 있다. 이 단어는 두 입장이 서로 조금씩 양보해 극단 사이의 어딘가에서 합의점을 찾았다는 뜻이다. 결과적으로는 화해한 것이지만 누가 이긴 것도 지는 것도 없이 절충점을 찾은 만큼 다소 미묘하고 개운치 않은 감정을 남기기 쉬운 상황에서 쓰인다.

마지막으로 'arbitrate'라는 표현이 있다. 이는 당사자끼리 의견 차이를 좁히지 못할 때, 권위를 가진 제3자가 개입해 공정한 결정을 내리고 이를 바탕으로 갈등을 조율하는 과정을 뜻한다. 한국어로는 '중재하다'에 해당하며 주로 법적이거나 공식적인 상황에서 사용된다. 이 경우에도 결과적으로는 화해가 이루어진 것으로 보일 수 있다.

한국어로는 그냥 "잘 풀었어"라고 하면 끝이다. 하지만 영어는 상황의 '온도'에 따라 단어를 갈아 끼워야 한다.

- Make up(감정의 해소): 가장 가볍고 일상적이다. 친구나 연인끼리 다투고 나서 "야, 밥이나 먹자" 하며 푸는 느낌. 비즈니스에서 쓰면 조금 유치하게 들릴 수 있다.
- Reconcile(관계의 재정립): 훨씬 성숙한 단어다. 감정의 골을 메우고, 관계를 다시 정립한다는 뉘앙스다. 직장에서 "우리는 서로의 차이를 인정하고 화해했다"라고 할 때 가장 적절하다.
- Compromise(타협과 절충): 이건 찜찜한 화해다. 둘 다 100퍼센트 만족하진 않지만, 서로 조금씩 양보해 중간 지점을 찾았다는 뜻이다. "그래, 이번엔 반반씩 하자"는 느낌으로, 갈등은 봉합되었지만 개운치는 않다.

- Arbitrate(중재): 둘이서 해결이 안 되어 제3자(상사나 법원) 가 끼어들어 강제로 화해시킨 경우다.

고급은 아니지만 그렇다고 초보도 아닌 중급 단계에 도달한 사람들은 듣기, 쓰기, 말하기가 어느 정도 가능해지면서 쉽게 매너리즘에 빠질 수 있다. 그런 상태에서는 원어민들이 각기 다른 상황에서 쓰는 단어의 미묘한 뉘앙스 차이에 관심을 기울이지 않고, 익숙한 단어만 반복해서 쓰게 된다. 하지만 이런 식의 태도로는 다음 단계로 도약하기 어렵다.

이번에는 다시 한국어 이야기로 돌아가보자. 영어의 smart를 한국어로 옮기더라도 '똑똑하다', '똘똘하다', '비상하다', '스마트하다', '영리하다'처럼 다양한 표현이 존재한다. 한국에 온 지 1년밖에 되지 않은 외국인 친구가 smart의 의미를 '똑똑하다' 하나로만 표현한다고 해서 그 친구의 언어 실력을 가볍게 평가하지는 않는다.

하지만 한국 생활 10년 차인 외국인이 상황에 따라 적절한 단어를 골라 '똑똑하다', '영리하다', '비상하다' 등의 표현을 미묘하게 구분해 쓴다면 우리는 그의 말하기와 쓰기 실력이 원어민에 가깝다고 평가할 것이다. 예를 들어 주식 투자로 돈을 번 친구에게는 '똑똑하다', '영리하다'는 표현을 쓸 수 있지만 직장 상사에게 "부장님, 참 영리하시네요Clever"라고 한다면? 그건 칭찬이 아니라 '하극상'이다(Clever에는 '잔머리 굴린다'는 뉘앙스가 있으니까).

이처럼 모국어가 아닌 언어에서 뉘앙스를 익히고 활용하는 일은 결코 쉽지 않다. 이 미묘한 뉘앙스는 단어장에도, 파파고에도 안 나온다. 영어 잘하는 비원어민도 힘들다. 오직 원어민과의 대화 그리고 그들의 글(문맥) 속에만 숨어 있다.

그렇게 배운 차이를 메모장에 기록하고 내 것으로 체화하여 일상 대화에서 자연스럽게 활용할 때, 듣는 사람은 우리의 영어가 한층 성장했다고 느낄 것이다.

기회는 반드시 언젠가 온다

이 미묘한 '온도 차'를 가장 빨리 배우는 방법은 바로 '현장'으로 나가는 것이다. 인생에는 누구나 한두 번쯤 해외로 나갈 수 있는 '문'이 열린다.

- 10대: 캠프나 홈스테이
- 20대: 교환학생이나 워킹홀리데이
- 3040: 주재원 파견이나 안식년
- 5060: 자녀가 있는 해외에서 한 달 살기

대부분은 "바빠서, 영어가 부족해서"라며 그 문을 닫아버린다. 하지만 그 문을 열고 나가 책상 위에서는 절대 느낄 수 없는 언어의 온도를 체감해봐야 한다. 막상 나가보면 별것 아니다. 우리의 '성실함'과 '눈치'는 만국 공통어다. 조금 느려도, 더 꼼꼼하고 끈기 있는 한국인의 DNA는 어디서든 통한다.

해외 경험은 단순한 여행이 아니다. 내 뇌를 리셋하고, 언어의 디테일을 채우는 인생의 가장 확실한 투자다. 지금 당신 앞에 열린 문이 있다면, 주저하지 말고 밀고 나가라. 그 문 뒤에 '진짜 영어'가 기다리고 있다.

Insight **뉘앙스**

- 단어의 '뜻'만 알면 아마추어, '맛'을 알면 프로다.
- 비슷한 단어라도 상황에 따라 천차만별이다. 그 미묘한 차이(뉘앙스)를 골라 쓸 줄 아는 사람이 진짜 고수다. 그리고 그 감각은 책상이 아닌 '세상 밖'에서 길러진다. 기회가 오면 떠나라. 늦은 때는 없다.

20
영리한 '머리'보다
뜨거운 '가슴'이 중요하다
영어 마인드셋이 만드는 기적

"심적으로 힘든 일이 있었어. 오랫동안 연락하지 못해서 미안해."

이번 에피소드에서는 두 명의 친구 이야기를 해보려 한다. 그 중 첫 번째 주인공은 스위스의 대형 투자회사에서 펀드매니저로 근무 중인 상하이 출신 Y다. 그녀를 처음 만난 것은 세계 최대 투자회사 중 하나인 블랙록BlackRock에 근무 중이던 친구 K의 소개를 통해서였다. 나와 K 그리고 Y는 홍콩에서 가장 유명한 호텔 중 하나인 만다린 오리엔탈 호텔 중식당에서 점심을 함께했다.

이곳은 홍콩에서 가장 오래되고 유서 깊은 고급 호텔로, 특히 홍콩 배우 장국영이 생을 마감하기 전 머물렀던 곳으로도 잘 알려져 있다. 최상층에 위치한 중식당 '만와Man Wah'는 우리가 흔히 떠올리는 전형적인 중식당의 붉고 노란 분위기와는 달리 로열 블루 컬러를 중심으로 한 우아하고 세련된 공간이다.

명품보다 빛났던 인품

Y는 첫인상부터 남달랐다. 소위 '사랑받고 자란 부잣집 외동딸' 특유의 여유와 기품이 흘렀다. 패션에 무지한 내가 봐도 그녀의 옷과 액세서리는 상당한 고가임이 분명했다. 하지만 그녀를 진짜 빛나게 한 건 명품이 아니라 '태도'였다. 그녀는 조금도 거만하지 않았다. 음식이 식거나 입맛에 맞지 않아도 웃으며 넘겼고 종업원들에게는 깍듯했으며, 초면인 나에게도 "리포트가 정말 통찰력 있다"며 진심 어린 칭찬을 건넸다. 그녀의 인품은 그녀가 두른 명품보다 훨씬 더 값져 보였다.

우리 셋은 정통 딤섬과 동파육을 앞에 두고, 믿을 수 없을 정도로 빠르게 가까워졌다. 점심시간 내내 한국과 중국의 주요 테크 기업과 산업 전망에 대해 치열하게 토론했고 자연스럽게 명함을 주고받으며 다음 만남을 기약했다.

그리고 바로 다음 주, Y는 나를 그녀의 오피스로 초대했다. 그녀의 사무실은 센트럴에서도 손꼽히는 고급 빌딩에 자리 잡고 있었고, 창밖으로는 빅토리아 하버가 한눈에 들어오는 환상적인 전망이 펼쳐졌다. 로비 한켠에 놓여 있던 그녀의 회사 로고가 박힌

고디바 초콜릿은 지금도 기억에 남는다. 그 자리에서 나는 그녀의 동료 펀드매니저들과 다양한 주제로 토론을 이어가며 뜻깊은 시간을 보냈다.

이후 여러 차례의 업무 미팅을 통해 알게 된 사실은 Y가 실제로 상하이에 여러 공장을 보유한 부유한 사업가의 딸이라는 점이었다. 그러나 그녀는 배경을 내세우지 않았고 누구에게나 겸손하고 소탈한 태도로 사람들을 대했다. 젊은 나이에도 불구하고 업계 안팎에서 훌륭한 평판을 얻고 있는 이유였다.

그녀는 홍콩 내 몇 안 되는 한국인 중 하나인 나와 내 가족을 각별히 챙겼다. 어느 날은 요트 생일파티에 우리 가족을 초대하기도 했다. 이 파티에서도 그녀의 독특한 성격이 자연스럽게 드러났다.

생일 당일, 우리는 홍콩의 빅토리아 하버 항구에서 만났다. 현지 지인의 말로는 그 요트는 상당히 고급스러운 모델이었다. 배 안에는 넓은 거실과 3개의 침실이 있었고, 외관과 내부 모두 누가 봐도 영화에 나올 법한 고급 요트였다. 마치 화려한 드레스를 입고 영화 속 주인공처럼 탑승해야 할 것 같은 분위기였다.

하지만 정작 그녀와 친구들은 편안한 복장으로 나타나, 각자 손에 음료를 들고 보드게임과 카드게임을 꺼내 놓았다.

'이 비싼 요트에서 보드게임이라니?'

평범한 한국인인 나에게 요트는 평생 한두 번 경험해볼까 말까 한 호사다. 사진을 찍고, 바다 풍경을 즐기고, 특별한 추억을 남기고 싶었던 게 솔직한 마음이었다. 그러나 그녀에게는 이런 생활이 욕심이 아닌 '일상'이었다. 우리는 3시간 동안 음식과 음료를 나누며 게임을 하고 도시 풍경을 즐겼다. 화려하진 않았지만 그 따뜻한 분위기와 웃음은 내게 평생 잊히지 않을 추억으로 남았다.

그 후로도 우리는 좋은 사업 아이디어와 정보를 나누며 관계를 이어갔다.

영어는 마음이 움직일 때 배운다

2024년 어느 날, 그런 Y와의 연락이 갑자기 끊겼다. 전화를 걸어도 받지 않았고, 이메일을 보내도 답장이 없었다. 늘 좋은 투자 기회나 사업 아이템이 생기면 커피 한잔하며 자연스럽게 대화를 이어가던 사이였기에 처음에는 단지 바쁜 일정 때문일 거라 여겼다. 그러나 시간이 흐르면서 혹시 내가 무심결에 뭔가를 실수한 것은 아닐까 하는 생각도 들었다.

서너 차례 연락을 시도했지만 응답이 없었다. 더 이상 연락을 이어가는 것이 오히려 부담이 될 수 있겠다는 판단에 따라 마지막으로 "혹시 무슨 일이 있거나 내가 도울 수 있는 일이 있다면 알려줘"라는 메시지를 남긴 뒤 기다리기로 했다.

석 달쯤 지난 어느 날, Y에게서 연락이 왔다.

"헤이 보경, 오랫동안 연락 못 받아 미안해. 사정이 있었어."

그녀는 내가 홍콩 금융권에 적응하는 데 큰 도움을 준 은인 같은 존재였기에 나는 다른 일정을 조정하고 센트럴에 있는 그녀의 사무실에서 바로 만나기로 했다.

겉으로는 업무 아이디어를 공유하기 위한 미팅이었지만 이 만남에 일 외적인 사연이 있을 것이라는 예감은 틀리지 않았다. 3달 만에 다시 마주한 그녀의 표정은 예전처럼 밝지만은 않았다. 개인 사정이라 구체적인 이야기는 할 수 없지만 가족에게 큰 일이 생겼고, 오랜 시간 업무를 내려놓은 채 곁을 지키느라 주변을 돌볼 여유가 없었다는 설명이었다.

그녀가 설명하는 내용 중 상당수는 생소한 의학 용어였다. 한국어로 들어도 이해하기 어려운 말들이 영어로 전달되다 보니 절반 정도밖에 이해하지 못했다. 나는 그녀의 이야기를 최대한 집중해 들으며 몇 가지 핵심 단어만 간신히 메모해두었고 미팅을 마친 뒤 조용히 사무실을 나섰다.

나는 주변에 의사 지인과 친구들이 많은 편이다. BCG에서 근무할 당시, 내과 전문의이자 MBA 과정을 수료한 후 경영컨설팅을 경험한 W 선배와 함께 작은 헬스케어 스타트업을 창업해 운영했기 때문에 대학병원에서 근무하는 여러 교수와도 인연을 맺게 되었다.

Y의 어두운 표정이 눈에 밟혀 염치 불고하고 주변 의사 지인들에게 조언을 구했다. 나에게는 인생의 은인 같은 친구였고, 그녀에게 도움이 될 수 있다면 무엇이든 해보고 싶은 마음이었다. 그녀가 말했던 의학 용어들의 정확한 의미가 무엇인지, 지금 상황에서 가능한 최선의 치료 방법은 무엇인지, 만약 한국의 대학병원으로 옮기게 된다면 어떤 절차가 필요한지, 시기는 언제가 좋을지 등을 물으며 혼자 공부를 시작했다.

아직까지 한국의 K-의료는 아시아에서는 일본 다음으로 높은 신뢰를 받는 선진 의료 시스템으로 평가받고 있다. 반면 중국의 경우, 의사의 직업적 위상이 공무원에 가까워 높은 소득이 보장되지 않고, 의료의 질 역시 의사 개개인에 따라 편차가 큰 편이라고 들었다. 병원 자체도 공공보건 시스템의 일부로 운영되는 경우가 많아 한국의 대형 종합병원에 비해 일부 개선이 필요한 부분도 있다는 이야기를 접했다.

'내가 조금이라도 도움이 될 수 있다면…….' 그 마음으로 틈틈이 관련 정보를 모아두었다.

약 2주가 지나 다시 홍콩 시내의 한 식당에서 Y를 만났다. 그녀는 겉으로 보기엔 어느 정도 슬픔을 감내하고 있는 듯했지만 여전히 큰 부담감과 황망함이 남아 있었는지 예전처럼 밝은 표정을 짓지는 못했다. 나는 작지만 도움이 되고 싶은 마음으로 그동안 알아본 내용을 조심스럽게 꺼내기 시작했다. 비록 의사는 아니지만 친구의 짐을 조금이나마 나누어 지고 싶어 공부했던 내용을 전하면서, 우리는 제법 어려운 영어 의료 용어를 사용해 대화를 나눌 수 있었다.

시간이 흐르며 Y는 힘든 시기를 잘 이겨내고 다시 일상으로, 그리고 행복한 삶으로 서서히 돌아오고 있다. 여러 어려움이 있었지만 그녀가 끝까지 지키고자 했던 가족 구성원 중 한 명은 다행히 제때 증상을 발견하고 빠르게 치료를 받아 건강을 회복하는 중이었다.

그때 내가 공부했던 의학 용어들은 이제 기억나지 않는다. 하지만 분명한 건, 그 순간만큼은 영어 공부가 전혀 고통스럽지 않았다는 사실이다. 토플용 단어를 외울 때와는 차원이 달랐다. 친구를 돕고 싶다는 간절함, 그것이 나를 움직이게 한 가장 강력한 동력이었다.

작은 존중이 만든 큰 다리

이번에는 분위기를 조금 바꿔, 중국 서쪽 끝에 위치한 신장 위구르 자치구의 수도 우루무치에서의 이야기를 이어가고자 한다. 이번 에피소드의 두 번째 주인공은 L 씨다. 홍콩에 있는 그의 회사 사무실에서 그를 처음 만났고 지극히 업무적인 미팅이었다.

첫인상에서 L 씨는 마치 소년 같았다. 나이는 삼십 대 초반쯤으로 보였지만 사랑스러운 웃음과 순수한 호기심 덕분에 처음 만난 나도 금세 마음의 벽이 허물어졌다. 업무 미팅이 끝나자마자 자연스럽게 저녁 약속을 잡으며 가까워졌다.

처음엔 그가 월스트리트 금융회사 출신 유학파일 것이라 생각했다. 홍콩 금융권에서는 아이비리그 출신이나 해외 유학 경험이 있는 사람이 절반 이상을 차지하기 때문이다.

소년 같은 눈빛을 지닌 L 씨와 나는 며칠 뒤 곧바로 저녁 식사를 함께했다. 그는 자신의 고향 음식을 소개해주겠다며 나를 빅토리아 피크 중턱에 위치한 한 중국 음식점으로 데려갔다. '중국 음식점'이라는 이름이 붙어 있었지만, 우리가 흔히 알고 있는 동북 지방이나 산둥 지방 위주의 한국식 중화요리와는 전혀 달랐다. 신장 위구르의 전통 요리를 내는 곳이었다.

L씨가 신장 요릿집을 예약했다고 말했을 때 나는 다소 놀란 마음에 그에게 다시 물었다.

"정말 신장 지방 출신인가요?"

이렇게 되물은 데에는 이유가 있었다. 많은 이가 알고 있듯 중국 본토에서는 각 성마다 명문대 입학 정원이 정해져 있다. 인구가 한국의 27배가 넘는 중국에서는 전국의 수재들이 소수의 명문대에 몰리기 마련이다. 특히 베이징이나 광저우 같은 대도시가 아닌 신장 위구르 자치구 같은 외곽 지역에서는 수천만 명의 성城에서 상위 5~10명 정도만 명문대 입학 기회를 얻는다. 그 좁은 관문을 뚫고, 다시 그중에서도 극소수만이 진입하는 월스트리트 계열 글로벌 금융회사에 입사했다는 사실로 미루어 볼 때 그의 지적 수준이 어느 정도인지 상상하기 어려웠다.

그가 걸어온 길이 얼마나 험했을지 짐작이 갔다. 중국은 지역 감정과 지역색이 뚜렷하고, 작은 지역 출신이라는 이유로 편견을 마주하기도 한다. 그런 환경에서 우루무치 출신으로 명문대 진학과 홍콩 금융권 입사를 이뤄낸 그는 더욱 특별하게 보였다.

그의 삶을 조금이라도 이해하고 싶어 나는 식사 전에 신장 지역의 역사와 문화에 대해 간단히 공부했다. 1950년대부터 1970년대 사이, 중국 정부는 위구르족과 한족 간의 교류를 확대하기 위해 다양한 배경을 지닌 한족을 신장 지역으로 대거 이주시켰다. 그 결과, 1950년대 초에는 신장 지역 내 한족 비율이 10퍼센트에 불과했지만, 현재는 절반에 육박하는 수준으로 증가했다. 이 과정에서 신장 지역은 많은 변화와 충돌을 겪었고, 오랜 시간에 걸쳐 생활 문화와 식습관, 언어 등도 큰 폭으로 변해왔다.

간단한 배경 공부를 마친 후, 나는 L이 예약한 신장 토속 음식점으로 향했다. 일반적으로 금융권에 종사하는 펀드매니저들은 대리석 인테리어와 고급 와인이 준비된 고급 레스토랑을 선호하지만 그가 선택한 식당은 외진 골목 한쪽에 간판조차 눈에 잘 띄지 않는 소박한 장소였다. 위치를 찾기 위해 같은 신호등을 세 번이나 건넌 기억도 생생하다. 겉모습은 허름했지만 식당 앞에 늘

어선 대기 줄을 보며 분명 맛집이라는 생각이 들었다. 동시에 이 곳은 L의 성격을 대변하는 장소이기도 했다. 뛰어난 실력과 단단한 자부심이 느껴지지만 불필요한 겉치레나 과시 없이 본질에 충실한 모습 말이다.

식당 안으로 들어서자 그는 고향 우루무치 사람들이 즐겨 먹는 양고기 요리를 다양하게 주문했다. 꼬치, 구이, 볶음, 찜 등 다양한 방식으로 조리된 요리들이 차례로 나왔고, 저렴하지만 음식과 훌륭하게 어울리는 현지 맥주도 곁들여졌다. 분위기가 점차 무르익자 나는 준비해온 이야기를 조심스럽게 꺼냈다. 우루무치의 역사적 배경과 민족 구성, 문화적 융합에 대한 짧은 공부였지만 그의 고향에 대한 존중과 관심을 담아 내가 이해한 내용을 하나씩 전했다.

"정말 환상적인 식사자리네요."

소년 같은 미소를 머금은 그의 얼굴이 금세 상기되었다. 잘은 몰라도, 홍콩 금융권에는 유학파나 교포 출신 혹은 북경이나 상하이 같은 대도시 출신의 깍쟁이들이 대부분이다 보니 우루무치 출신이라는 사실은 크게 주목받지 못했을 수도 있고, 때로는 편견을 겪었을 가능성이 높다. 그런 그에게, 한국에서 온 친구가 자신이 자란 지역에 대해 서툴지만 애정을 담아 공부하고 이야기를 꺼냈다는 사실은 예상치 못한 울림이었을지 모른다.

나는 분위기를 부드럽게 이어가며 너스레를 떨었다.

"우루무치 출신으로 명문대 나오고 월가 투자은행까지 들어간 거 보면, 진짜 보통 머리로는 안 되는 거잖아요."

그는 장난기 어린 소년의 얼굴로 고개를 끄덕이며 말했다.

"맞아요. 나처럼 지방 도시에서 유학 경험 없이 좋은 대학교에 진학하고, 다시 투자은행에 들어가는 일은 북경이나 상하이 같은 대도시에서 자란 친구들과 비교하면 훨씬 어려운 길이죠."

그가 들려준 사연은 이러했다. 그의 조부나 부친 세대에 중국 정부의 이주 정책에 따라 신장 지역으로 정착하게 되었고, 그의 부모님은 현지에서 엘리트 교육을 받고 안정된 직업을 얻었을 것이다. 겉모습만 보면 얼굴이 하얀 전형적인 한족이지만 그는 우루무치에서 나고 자란 '로컬' 우루무치 사람이었다.

그는 신장 위구르 자치구 전체에서 손꼽힐 정도의 성적으로 대학교에 진학했고, 대학에서도 뛰어난 성과를 내며 결국 홍콩의 모건스탠리 투자은행에 입사했다. 비록 북경이나 상해처럼 잘 알려진 대도시 출신도 아니고, 부유한 집안에서 유학 경험을 쌓은 엘리트도 아니었지만 그는 어려운 환경에서도 자신을 바르게 길러주신 부모님에 대한 존경심과 고향인 우루무치에 대한 강한 자부심을 지니고 있었다. 그런 그에게, 그의 고향을 진심으로 이해해보려는 한국인 친구는 더없이 특별했던 것 같다.

그날 밤 우리는 11시가 넘도록 이야기를 멈추지 않았다. 메타버스, 생성형 AI, 중국 시장 개방 같은 주제는 물론 내 어린 시절

개구리를 잡던 기억, 그의 유년 시절 이야기까지 공유했다.

그 후로도 우리는 맛집을 찾아다니고 정보를 교환하며 친밀한 관계를 이어갔다. 서울 출장 때는 한국식 갈비집에서 바비큐 파티도 함께했다.

돌이켜보면 내가 우루무치의 역사와 문화에 대해 아무런 이해 없이 대화를 했다면 우리는 그저 형식적인 인사만 나누고 끝났을지도 모른다.

당신의 영어가 따뜻한 도구가 될 때

이번 에피소드를 마지막으로, 독자들에게 전하고 싶은 마인드셋은 '친구를 위한 영어'다. Y를 위해 의학 용어를 찾을 때, L을 위해 우루무치의 역사를 공부할 때 영어는 지겨운 암기 과목이 아니었다. 누군가의 마음을 헤아리고, 위로하고, 연결되기 위한 '따뜻한 도구'였다.

때로는 바다 건너 부모님을 둔 총명한 후배가 낯선 땅에서 따뜻한 위로를 받을 수 있도록, 어릴 적 기억과 향수를 나눌 수 있도록 돕고 싶었다. 그 순간에도 영어는 그저 마음을 전하는 수단이었을 뿐이다. 그 과정에서 처음 접하는 어려운 단어나 표현들은 전혀 장애물이 되지 않았다.

사랑하는 사람을 위한 도구로서의 영어는 학교에서 배운 주입식 영어보다 훨씬 더 즐겁고 의미 있는 배움의 과정이었다. 영어는 그렇게 내게 가장 인간적인 방식으로 스며들었다.

이 책에 담긴 스무 개의 에피소드를 통해 나누고자 하는 핵심은 영어 학습법이 아니라 영어를 대하는 우리의 '마인드셋'이다. 물론 해외 유학을 앞두고 있거나 입시를 준비 중인 학생들에게는 점수가 필요할 수도 있다. 강남의 유명 영어 유치원을 준비하는 어린이와 부모에게도 그러할 것이다.

그러나 이 책이 전하려는 본질적인 메시지는, 영어를 인생에서 반드시 정복해야 하는 '거대한 도전'으로만 여기지 않았으면 한다는 데에 있다. 영어가 완벽하지 않아도 괜찮다. 더듬거리더라도 엉성한 콩글리시 발음이라도 상관없다. 중요한 것은 그 언어를 통해 친구를 사귀고, 그 친구를 위하는 마음으로 영어라는 도구를 조금씩 다듬어가는 과정이다.

부디 이 책이 과도한 경쟁과 강박 속에 지친 당신에게 작은 위로가 되었기를, 그리고 더 넓은 세상의 친구들과 연결되는 티켓이 되기를 바란다. 그 여정의 끝에는 성실하고 총명한 당신이 영어라는 든든한 무기를 들고 세계 무대에서 활약하고 있을 것이다. 그 길 위에서 이 책과 내가, 언제나 당신의 '마인드셋 친구'로 곁을 지키겠다.

20   Secret Note

도움을 주며 관계를 여는 영어

외국인 친구나 비즈니스 파트너 중 유독 마음이 잘 통하는 사람이 생길 때가 있다. 이럴 때야말로 영어 실력보다 관계의 태도가 중요하다. 영어를 완벽히 못 하더라도 상대에게 도움이 될 수 있는 당신만의 강점을 찾아보자. 예를 들어 간단한 포토샵 작업을 도와주거나, 서울 여행 코스를 짜주거나, 한국 기사나 정보를 번역해 공유하는 것처럼 우리에게는 사소하지만 상대에게는 큰 도움이 되는 일들이 있다.
그럴 때는 이렇게 말해보자.

"Is there anything I can help? Please use my time as your best
 Korean friend."

이 짧은 문장 하나가 언어의 벽보다 훨씬 두터운 심리적 벽을 허문다. 도움을 주고받는 순간 대화는 의무가 아니라 우정의 교류가 된다. 마음이 열리면 귀도 열리고 입도 자연스럽게 열린다.

Insight   마음

- 영어를 기술이 아닌, 마음의 언어로 받아들이자.
- 친구를 이해하고 사랑하는 마음으로 시작하면 된다.

영어 빌런 퇴치 매뉴얼
무례한 지적에 대처하는 기술

대한민국 록 음악의 전설 김경호는 1997년, 「나를 슬프게 하는 사람들」로 큰 인기를 얻었다. 이 곡의 제목처럼, 영어라는 마라톤 과정에서도 예기치 않은 순간에 '나를 슬프게 하는 사람들'이 등장한다. 이들은 우리의 영어 실력보다 더 중요한 것, 바로 '자존감'을 갉아먹는 존재들이다.

이 번외편에서는 당신의 멘탈을 지키기 위해 반드시 피해야 할 '영어 빌런' 유형과 대처법을 소개한다.

빌런 1호: 알맹이 없는 수다쟁이

첫 번째 유형은 '빈 수레가 요란한 수다쟁이'다. 모국어로 대화할 때는 이런 사람을 금세 알아챌 수 있다. 말은 많지만 실속 없는 사람인지 혹은 말은 많아도 논리가 있고 정보가 풍부한 사람인지 분명히 구분할 수 있다. 하지만 영어로 대화가 이루어지면 상황은 달라진다.

수다쟁이들은 말이 빠르고 발음이 유창하다. 논리적으로 말을 구성하지 않고, 생각나는 대로 의식의 흐름에 따라 이야기하기 때문에 핵심이 뭔지 파악하기 어렵다. 영어가 모국어가 아닌 우리는, 중간중간 단어를 놓치거나 뭉개진 발음 때문에 전체 맥락을 잃기 쉽다. 결국 대화가 끝날 무렵엔 무슨 이야기를 들은 건지 갈피를 잡지 못하게 된다.

만약 이런 대화가 한국어로 이루어졌다면 "대체 무슨 말을 하는 거야? 정리해서 다시 이야기해봐"라고 말했을 것이다. 하지만 영어라는 언어 장벽 앞에서는, 자기 실력이 부족해서 이해를 못한 것 같다는 착각에 빠지기 쉽다. 이럴 때일수록 정신을 바짝 차려야 한다. 당신 잘못이 아니다. 단지 그 사람이 말을 못 하는 것일 뿐이다. 이런 사람을 만났을 때 멍하니 듣고 있으면, 당신은 '못 알아듣는 바보'가 되고 그는 '유창한 스피커'가 된다. 이 프레임을 깨야 한다. 정신을 바짝 차리고 과감하게 '커트'하라.

Step 1. 일단 멈춰 세워라

말이 길어지면 무조건 끊어라. 예의 차릴 필요 없다.

Hold on a second. I think I'm lost. Can you summarize your key points simply?

(잠깐만요. 제가 놓친 것 같은데, 핵심 포인트 2~3개만 간단히 요약해줄래요?)

Step 2. 내 언어로 가둬라_{Rephrase}

요약해달라고 해도 또 횡설수설할 확률이 높다. 그럴 땐 내가 정리해서 확인해야 한다.

Let me rephrase what you said. Your points are A, B, and C. Am I correct?

(제가 이해한 대로 정리해볼게요. 당신 말은 A, B, C라는 거죠. 맞나요?)

이렇게 다시 물어보면, 상대방은 그제야 우리가 이해한 내용이 맞는지 아닌지를 확인해줄 가능성이 높다. 혹은 여전히 본인의 혼란스러운 화법을 반복할 수도 있다. 업무상 꼭 필요한 관계가 아니라면 이런 유형과는 되도록 영어로 깊은 대화를 나누지 않는 것이 바람직하다. '생각 없이 말하는 스타일'에 장시간 노출

되면 나도 모르게 그 어투와 리듬을 따라 하게 되기 때문이다.

영어 발음이나 어휘가 다소 부족해도 괜찮다. 그것은 연습을 통해 개선할 수 있는 기술적인 영역이다. 하지만 말의 속도나 유창함만을 흉내 내며, 정작 내용 없는 말을 따라 하는 것은 절대 피해야 한다. 이런 유형의 '빌런'들과는 단호하게 거리를 두는 것이 현명하다.

빌런 2호: 유학파 흉내쟁이

두 번째 유형은 '애매한 유학파'이다. 영미권에서의 유학 기간이 짧지도 길지도 않은 사람들을 종종 볼 수 있다(특정 집단을 비하하려는 게 아니다. 언어적 습관에 대한 관찰이다). 특히 유학 기간이 2년에서 4년 사이일 때 이런 경향이 뚜렷하다.

예를 들어 해외에서 고등학교 보딩스쿨을 졸업한 후 국내 대학에 진학했거나, 고등학교까지 한국에서 다니다가 대학만 외국에서 나온 경우다. 이들은 일반적으로 한국어가 훨씬 편한 사람들이다. 하지만 인생에서 가장 활기차고 감수성이 예민한 시기를 해외에서 보내면서 학교생활 외 시간 대부분을 친구들과의 농담·잡담 중심의 소셜라이징으로 채우기 때문에 자연스럽게 유행하는 슬랭·비속어·줄임말을 자유롭게 사용하게 된다.

이러한 언어 습관 자체가 잘못은 아니다. 다만 우리처럼 영어를 처음부터 다시 배워야 하는 '토종 로컬'에게는 주의가 필요한 유형이다.

예를 들어보자. 한국 기업에 파견된 외국인 주재원이 대학생들과 어울리며, 학생들이 쓰는 한국어 유행어에 자연스럽게 노출되었다고 가정해보자. 그 주재원이 유행어와 비속어를 섞어가며 한국 직원들과 대화한다면 재미있는 에피소드가 될 수는 있다.

하지만 그가 다음과 같이 말한다면 어떨까?

"상무님, 이번 보고서 개 쩔어요. 작살 납니다."

상상만 해도 식은땀이 흐르는 장면이다.

유학파 친구나 동료들이 쓰는 표현이 영어로는 자연스럽게 들릴지 몰라도, 정작 그 뉘앙스를 제대로 이해하지 못한 채 그대로 따라 쓰면 곤란한 상황이 발생할 수 있다. 특히 이 유형의 사람들은 국내에서는 영어를 유창하게 구사하지만 막상 비행기를 타고 LA 공항에 도착하면 BCD 순두부(북창동 순두부) 식당을 찾아 한국인 친구들과 한국어로 시끌벅적한 시간을 보내는 경우가 많다. 20년을 한국에서 살고 2~4년을 외국에서 지냈으니 한국어가 편한 것은 당연하다.

따라서 이들과 어울리며 유행어와 슬랭을 흉내 내기보다는 차라리 중학교 영어 교과서에 나오는 고지식하지만 정통적인 표현들을 익히는 편이 훨씬 낫다. 장기적으로 볼 때 탄탄한 영어 실력을 쌓는 데 있어 훨씬 더 든든한 기반이 되어준다.

빌런 3호: 지적질로 자존감을 깎는 유형

세 번째 유형은 '지적하고 깔보는 사람'이다. 이들은 영어 학습자라면 누구나 가장 경계해야 할 유형이다. 100명이 있으면 영어 실력도 100가지인 것은 당연하다. 그런데 자신의 영어 실력이 조금 낫다고 해서 타인의 영어를 함부로 지적하거나 깔보는 태도는 매우 위험하다.

예를 들어 앞서 언급한 'Smart'와 'Clever'의 차이 사례를 들어보자. 만약 신입사원이나 신입생이 상사나 교수님에게 "You are so clever"라고 말했다고 가정하자. 이 표현이 어색하거나 부적절하다는 점을 알려주고 싶을 때 이렇게 말하는 사람이 있다.

"너 Smart랑 Clever의 차이도 몰라? Clever는 그럴 때 쓰는 게 아니야."

이런 식의 지적은 상대의 실수를 '피드백'이 아니라 '면박'으로 만들어버린다. 이런 사람들과 자주 대화를 나누다 보면 영어에 대한 자신감은 빠르게 무너지고, 말하는 것 자체를 두려워하게 된다.

반면 이런 상황에서도 상대를 존중하면서 충분히 피드백을 줄 수 있는 방식이 있다.

"보경, 방금 말한 맥락에서 'Clever'는 윗분들에게 사용하기에는 조금 오해의 소지가 있을 수 있어. 자칫 무례하게 들릴 수도 있거든. 너의 의도는 그분들의 의견이 훌륭하다는 뜻이었으니까, 나 같으면 'Your direction is so clear and insightful'처럼 간접적이면서도 긍정적인 표현으로 전달할 것 같아. 다음에는 이렇게 한번 표현해보는 건 어때?"

이는 상대방의 영어 실력에 눈높이를 맞추고, 상황과 뉘앙스를 고려해가며 올바른 표현 방향을 제시하며, 동시에 동기를 북돋아주는 방식이다. 이런 사람은 앞서 첫 번째 에피소드에서처럼 'Data'를 데이터, 데이러, 데이떠, 다타, 다라 등 서로 다르게 발음하는 상황을 보더라도 우선 맥락을 파악하고 기분 나쁘지 않게 도움을 주려 할 것이다.

반면 우리가 피해야 할 부류는 대개 발음이 우습다거나 촌스럽다며 비웃고, 면박을 주는 태도를 보인다. 흥미로운 사실은, 오히려 평생 미국에서 살아온 2세 교포들보다 미국 문화에 잠깐 발만 담갔던 일부가 이런 태도를 더 자주 보인다는 점이다.

미국에서 오래 살아온 2세 교포들은 대체로 한국어 실력이 부족하더라도 영어는 단지 의사소통의 도구일 뿐이라는 사실을 잘 이해한다. 또한 미국 내에서도 인디언, 차이니즈, 히스패닉 등 다양한 배경의 사람들이 각기 다른 억양과 발음을 갖고 있다는 것을 알기에 언어에 대해 훨씬 관대하고 포용적이다.

이제는 토종 한국인의 영어를 가볍게 여기며 비웃는 일부 사람들에게 분명한 메시지를 던질 필요가 있다. 단순한 발음이나 억양보다 중요한 것은 의사소통의 진정성과 태도라는 점을 당당하게 보여주어야 한다.

조롱 앞에서도 흔들리지 않는 법

이번 번외편을 통해 독자 여러분께 꼭 전하고 싶은 추가 메시지가 있다. 스스로를 믿고, 부끄러워하지 말며, 강한 멘탈이라는 갑옷을 입자. 누군가 토종 한국인의 영어를 비웃고 면박을 준다 해도 위축될 필요는 없다. 그럴 땐 배우 이영애의 명대사를 떠올리자.

"너나 잘하세요."

불필요한 강박과 의기소침 그리고 앞서 이야기한 세 가지 유형의 빌런들은 우리 눈과 귀를 가리고 실력 향상을 가로막는다. 앞으로 살아가며 이들과 마주했을 때 나의 부족함이 문제가 아니라는 사실을 꼭 기억하길 바란다.

진정한 실력을 갖춘 사람이라면 상대의 부족한 점을 세심하고 너그럽게, 그리고 알아듣기 쉬운 방식으로 도와주려 할 것이다. 독자 여러분의 영어 자존감이 더욱 단단해져서 어떤 빌런을 만나더라도 흔들리지 않기를 진심으로 바란다.

영어는 호미다
잘하려 하지 말고, 그냥 꺼내 써라

누구나 한 번쯤 상상해보았을 것이다. 포르쉐 911을 몰고 강변북로를 질주하는 짜릿함, 구하기도 힘들다는 에르메스 버킨백을 손에 넣었을 때의 쾌감. 이런 명품들이 선망의 대상이 되는 이유는 단순히 성능이나 기능이 뛰어나서가 아니다. 그 브랜드가 가진 압도적인 상징성, 즉 '부富와 성공의 증표'이기 때문이다. 포르쉐 911에서 내리는 사람은 슬리퍼를 신고 있어도 부유해 보이고, 버킨백을 든 사람은 티셔츠 한 장만 걸쳐도 기품 있어 보인다.

뜬금없이 왜 명품 타령이냐고? 이 책을 마무리하며 내가 던지고 싶은 마지막 질문이 바로 이것과 맞닿아 있기 때문이다.

"당신에게 영어는 포르쉐인가, 아니면 호미인가?"

멋진 영어보다 '쓰는' 영어

시계를 2008년으로 돌려보자. 온 나라를 뜨겁게 달궜던 일명 '어륀지Orange' 사건. 한 교육자 출신 정치인이 "오렌지라고 하면 미국인이 못 알아듣는다. '어륀지'라고 가르쳐야 한다"고 주장해 큰 논란이 되었다. 그의 본래 의도는 죽은 문법 교육을 벗어나 실용 영어를 하자는 취지였을 것이다. 하지만 대중의 뇌리엔 본질은 사라지고 오직 '발음 콤플렉스'만 흉터처럼 남았다.

그 사건 이후 대한민국엔 기이한 풍경이 펼쳐졌다. 2010년대부터 영어유치원이 우후죽순으로 생겨났고, '미국식 버터 발음'은 부모들의 자부심이자 아이들의 계급장이 되었다. 발음이 유창한 아이는 칭찬받고, 토속적인 '된장 발음'을 하는 아이는 주눅이 들었다. 우리가 모르는 사이, 영어는 소통의 도구가 아니라 '과시를 위한 럭셔리 사치재'로 변질되어버린 것이다.

비행기 옆자리에서 유창한 슬랭을 섞어가며 떠드는 젊은이를 보면 우리는 기가 죽는다. '저 사람은 금수저 유학파겠지?'라며 부러워한다. 반대로 또박또박 정확한 단어를 구사하는 노신사의 영어를 들으면 발음이 투박하다는 이유만으로 '촌스럽다'고 폄하한다. 이것이 우리의 슬픈 자화상이다. 머리로는 영어를 도구라고 생각하지만, 가슴속 깊은 곳에서는 여전히 '영어=포르쉐'여야 한다는 강박에 시달리고 있는 것이다.

이 책을 마무리하며 나누고 싶은 마지막 메시지는, 영어에 대한 이러한 인식을 이제는 바꿔보자는 것이다. 영어는 포르쉐나 에르메스처럼 완벽을 추구해야 할 명품이 아니다. 오히려 우리 주변 어디서나 쉽게 볼 수 있는 일상적인 도구, 즉 필수재로 여겨야 한다.

굳이 비유하자면 영어는 척박한 삶을 개척하는 데 필요한 호미나 낫, 혹은 하루를 상쾌하게 마무리해주는 칫솔과 같다. 누구도 호미가 반짝이는 광을 내야 하고, 블루투스가 탑재되어 있어야 하며, 악어가죽 보관함에 들어 있어야 한다고 생각하지 않는다. 점심 식사 후 칫솔질을 할 때 생성형 AI가 장착된 광섬유 칫솔이어야 한다고 여기는 사람은 없다. 조금 녹슬고 칫솔모가 약간 흐트러졌더라도 필요한 순간 바로 꺼내 쓸 수 있는 단단한 도구면 충분하다.

영어도 마찬가지다. 포르쉐와 에르메스처럼 완벽하게 세팅된 상태여야만 비로소 입을 열 수 있는 것은 아니다. 언제든 내 생각과 마음을 전달할 수 있는 손에 익은 호미 혹은 칫솔처럼 익숙하고 실용적인 도구가 되어야 한다. 앞으로 5년, 10년 동안 우리가 영어를 대하는 마인드셋은 바로 그 같은 실용성과 현실감에 바탕을 두어야 한다.

내 삶에 딱 맞는 영어, 그게 정답이다

이 책의 마지막 페이지를 장식할 주인공으로, 나의 어머니를 소개하고 싶다. 1956년생인 어머니는 금호동 언덕에서 문학소녀의 꿈을 키우셨고, 신촌의 여대를 다니며 일찌감치 영어에 눈을 뜨셨다. 어머니에게 영어는 단순한 언어가 아니라 더 넓은 세상으로 나아가는 '동경의 창'이었다.

그러나 영어 실력은 생각처럼 쉽게 늘지 않았다. 어머니는 젊은 시절부터 수많은 영어학원, 과외, 백화점 문화센터에서 다양한 영어 프로그램을 수강했지만 곁에서 지켜본 바로는 실력은 제자리걸음이었다.

이유는 명확했다. 어머니는 영어를 '포르쉐'나 '에르메스'처럼 대하셨기 때문이다. 주변 친구분들이 유창한 영어를 구사하는 것을 보며, 어머니는 '완벽하지 않으면 입을 떼선 안 된다'는 강박에 갇히셨다. 전치사 하나가 틀릴까 봐 말을 멈추고, 발음이 촌스러울까 봐 입을 다물었다. 밤새 단어를 외웠지만 막상 외국인 앞에서는 "I······" 하고 얼어버리는 날들이 수십 년간 반복되었다. 영어는 어머니에게 풀지 못한 숙제이자 마음 한구석의 짐이었다.

그러던 어느 날, 나는 이 책에 담긴 '영어 마인드셋' 이야기를 어머니와 하나씩 나누기 시작했다. "엄마, 영어는 에르메스 가방이 아니에요. 그냥 매일 쓰는 칫솔이고, 밭 매는 호미예요. 좀 투박하면 어때요? 그냥 막 쓰세요."

처음엔 반신반의하시던 어머니의 태도가 서서히 바뀌기 시작했다. 뉴요커 같은 발음을 포기했다. 관사나 전치사에 대한 집착을 버렸다. 그 대신 '어떻게든 내 뜻만 통하면 된다'는 생존 마인드를 장착하셨다. 내가 어머니께 드린 솔루션은 영어 강의가 아니었다. 영어를 바라보는 '관점의 전환'이었다.

70대 K-할머니의 완벽한 영어 마인드셋

변화는 놀라웠다. 이제 칠순인 어머니는 해외 여행지에서 교통카드 한 장 들고 낯선 도시를 혼자 누비신다. 오바마처럼 유려한 연설은 못 하시지만, 싱가포르 택시 기사의 억센 발음을 못 알아들으면 당당하게 "Sorry? Pardon?"이라고 되묻는다. 길을 잃으면 지나가는 현지인을 붙잡고 콩글리시로 길을 묻고, 카페에서 원하는 메뉴를 정확히 주문해 드신다.

가끔 문법이 틀리고 단어가 생각나지 않아도, 어머니는 더 이상 부끄러워하지 않으신다. 놀랍게도 그 누구도 70세 멋쟁이 할머니의 서툰 영어를 지적하지 않았다. 오히려 그녀의 용기에 엄지를 치켜세웠다. 어머니는 평생 꿈꾸던 '영어로 소통하는 글로벌 여성'이 되신 것이다. 비록 50년이 걸렸지만, 지금 어머니는 그 누구보다 힙한 '엘리트 K-할머니'다.

최근 어머니가 웃으며 하신 말씀이 내 가슴을 울렸다.

"얘야, 이제 알겠더라. 영어는 시험 보려고 외우는 게 아니었어. 그냥 내 마음을 표현하는 도구일 뿐이더라. 혼자 여행 다니면서 보니까, 나보다 영어 못하는 외국인들도 떵떵거리고 잘만 살더라. 그걸 보고 나니까 겁이 싹 사라졌어. 이제야 비로소 내 입이 트인 것 같아."

어머니의 미소에서 나는 확신을 얻었다. 방향만 맞다면, 그리고 쫄지 않는 마음만 있다면 나이는 아무런 문제가 되지 않는다는 것을. 어머니의 영어 여정은 단순한 언어 습득이 아니었다. 스스로의 한계를 깨고 더 넓은 세상으로 나아가는, 아름다운 성장의 기록이었다.

가지 않은 길, 그러나 가야 할 길

영어는 더 이상 사치품이 아니다. 영어는 일상에서 반드시 필요한 실용적인 도구이며, 누구나 손에 익혀 사용할 수 있어야 하는 생활의 일부다. 포르쉐나 에르메스처럼 완벽을 추구하는 대상이 아니라 거친 세상에서 내 밭을 일구는 호미이자, 매일 아침 나를 개운하게 만드는 칫솔이다. 앞으로 영어 학습 과정에서 이러한 마인드셋을 가지고 나아간다면 학원이나 유튜브 영상에서는 결코 얻을 수 없는 진정한 성장과 성취를 경험할 수 있을 것이다.

이 변화가 독자 개인에서 그치지 않고, 친구와 자녀 그리고 가족에게도 전해지길 바란다. 한국인의 뛰어난 두뇌와 무한한 가능성이 영어라는 날개를 달고 더 넓은 세계로 뻗어나가는 모습을 기대한다. 앞서 소개한 에피소드들이 독자들의 영어 실력 향상에 작은 불씨가 되어 새로운 기회와 가능성을 여는 계기가 되기를 바란다.

끝으로, 시인 로버트 프로스트의 시 한 구절을 떠올린다. 영어에 대한 새로운 마인드셋을 받아들이고, 그 시선을 바꾸어 더 넓은 세상으로 나아가는 일은 결코 간단하지 않다. 그러나 선택의 순간은 분명 존재한다. 좁은 현실 안에 머물며 평생 영어에 대한 두려움을 품고 살 것인지, 혹은 일흔이 넘은 나이에도 영어로 소통하며 혼자 여행할 수 있는 삶을 살아갈 것인지는 각자의 선택에 달려 있다.

아직 가보지 않은 길에 대한 후회보다 오늘 한 걸음을 내딛는 실천이 더 중요하다. 이 책은 그 첫걸음을 응원한다.

가지 않은 길

로버트 프로스트

노란 숲속에 두 갈래 길이 있었습니다.
나는 두 길을 모두 가볼 수 없음을 아쉬워하며,
한참을 서서 한쪽 길이 덤불 속으로 굽어지는 곳까지
내 시선이 닿는 데까지 멀리 바라보았습니다.

그러고는 똑같이 아름다운 다른 길을 택했습니다.
그곳은 풀이 더 우거지고 사람의 발길이 적어,
누군가 밟아주기를 기다리는 듯 보였기 때문입니다.
사실 그 길 또한 걷다 보면
결국 다른 길과 비슷해질 것이라는 걸 알면서도 말입니다.

그날 아침, 두 길은 모두
아무도 밟지 않은 낙엽들 아래 고요히 놓여 있었습니다.
아, 먼저 보았던 길은 훗날을 위해 남겨두기로 했습니다.
하지만 길은 길로 이어지는 법이라
내가 다시 그곳으로 돌아올 수 없으리라는 걸 알고 있었습니다.

에필로그

머나먼 훗날, 나는 어디선가

깊은 숨을 내쉬며 이 일을 이야기할 것입니다.

숲속에 두 갈래 길이 있었고,

나는 사람이 더 적게 간 길을 택하였노라고.

그리고 그 선택이 나의 모든 것을 바꾸어놓았노라고.